LILIA BENCHABANE

MA VIE EST UN BLIND TEST

SOLAR

SOMMAIRE

Introduction 5
1 Ma mère, le personnage principal de ma vie 11
2 Rentrée des clashs 20
3 Presque aveugle, albinos, mais canon 30
4 La harcelée harceleuse 40
5 Battle de blagues 48
6 Le handicap, ma meilleure excuse (ou pas) 57
7 Trop stylée pour être handicapée 67
8 Mes premiers *dates* 74
9 L'épreuve du feu : lire quand on est malvoyante 84
10 Lilia Spielberg 92
11 Madame Réclamation 100
12 *Fake it until you make it* 109
13 C'est la vision d'une fille qui ne voit pas 120
14 Le Covid ou Ma vie n'a plus de sens 132
15 La vie d'adulte 141
16 Hors-piste 151
17 Le burn-out m'a tueR 160
18 J'y pense et puis j'oublie 168
19 Me livrer dans un livre 174
20 Le bilan 181
Conclusion 188

INTRODUCTION

Quand on m'a contactée pour me proposer d'écrire un livre, j'ai mis plus d'un an à accepter. C'est paradoxal pour une personne qui passe sa vie à se raconter sur scène... Car vous ne le savez peut-être pas encore mais je suis humoriste. Mon travail, c'est de faire des blagues ; c'est ma façon à moi d'aborder le monde. Et de l'humour, il en faut pour traiter mon sujet principal de spectacle : MOI. Dans la vie, je suis (en vrac) : déterminée, un peu têtue, créative, albinos, tête brûlée, drôle, super coquette, *drama queen*, débrouillarde, malvoyante, fidèle en amitié. Oui, tout ça en même temps.

Vous avez sûrement tiqué sur deux mots clés dans cette liste, et c'est un peu le problème de mon existence : si j'ai hésité à faire ce livre, c'est parce que je n'aime pas trop parler de mon albinisme et de mon handicap visuel sans faire de blague. Et la raison principale, c'est qu'au fond je n'ai pas du tout envie que ma différence me définisse.

La différence, c'est quoi exactement ?

Je suis de la génération Z et je trouve ça intéressant d'utiliser les outils qui sont à ma disposition. Et j'avoue que j'ai aussi un peu la flemme de temps en temps (souvent, même...). C'est pour ça que j'ai demandé à une intelligence artificielle sa définition de la différence. Voici sa réponse :

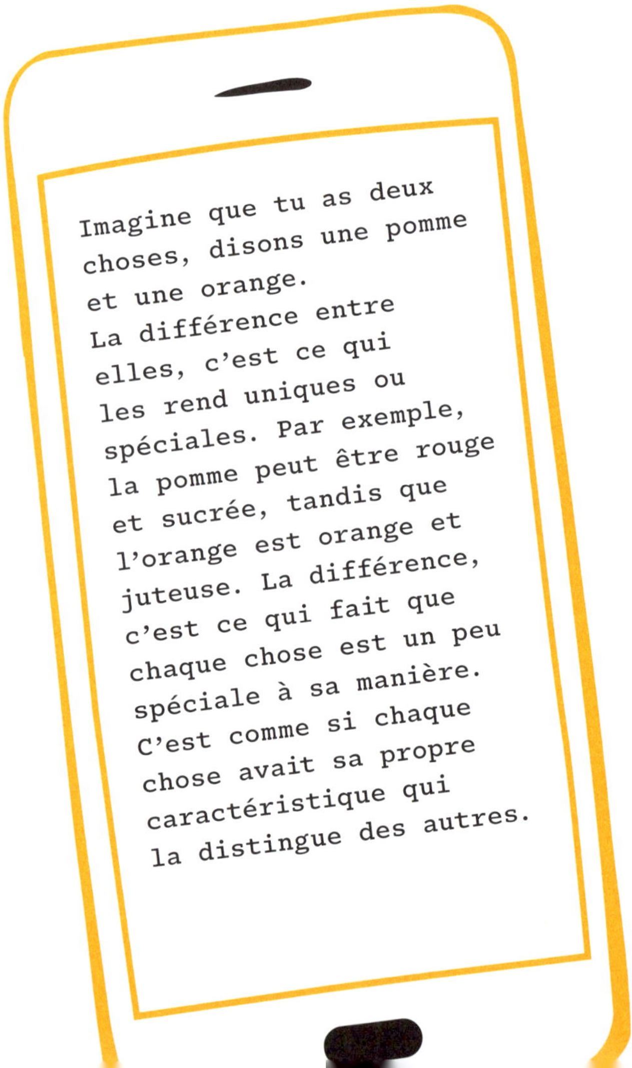

Je ne sais pas si vous, vous êtes plus rouge-sucrée ou orange-juteuse, mais franchement, la définition de la différence façon ChatGPT, c'est le monde des Bisounours. Selon moi, c'est quand même un peu plus compliqué chez les humains qu'au rayon fruits...

En ce qui me concerne, j'ai vite compris que j'étais différente. Au départ, je n'avais pas remarqué, je vivais ma vie tout à fait normalement. Ce sont les autres qui ont mis le doigt dessus. C'étaient les enfants à l'école qui me posaient des questions du genre : « Pourquoi t'as les yeux qui bougent ? » C'étaient aussi les adultes qui me regardaient avec curiosité, et peut-être un petit peu de pitié. Ou encore ma première maîtresse qui, en maternelle, m'a clairement isolée parce qu'elle ne savait pas gérer le fait que j'aie un « handicap ». OK, *breaking news* : je ne suis pas comme tout le monde ! J'ai fini par bien le comprendre.

Ma vision du monde

L'albinisme, c'est une maladie génétique qui se manifeste par un déficit en production de mélanine. Notre peau est extrêmement pâle, pas du tout protégée contre les agressions extérieures et les UV, on a les cheveux blancs et les yeux rouges. En plus de nous mettre en danger chaque fois qu'un millimètre de notre peau entre en contact avec le soleil une microseconde (*rest in peace* l'ambition d'un bronzage parfait), cette maladie peut avoir des conséquences fâcheuses, notamment la cécité. Tant qu'à faire, autant prendre le package le plus galère. En ce qui me concerne, je ne suis pas aveugle... mais je ne vois pas non plus ! Je sais, ce n'est pas logique. J'ai 1/10 à chaque œil, ce qui signifie que selon l'éclairage, j'arrive à percevoir des couleurs et parfois des zones plus ou moins floues. Et je peux même finir par réussir à lire un texte écrit, s'il est minimum en corps 40.

LÀ, J'ARRIVE À LIRE.

Par contre, on ne peut pas dire que ma vision est inexistante. Je préfère dire que, avec le temps, je vois « par déduction ». Mon cerveau enregistre les endroits où je vais pour la première fois, les petits pièges comme les escaliers, les murs (ouais, pour moi, ce sont des pièges). Et au fur et à mesure, je m'acclimate à l'endroit, et je suis capable de me déplacer seule. Mon appart, je le connais par cœur, je peux m'y balader dans le noir.

Idem pour « reconstruire les gens ». On a une blague, avec mes potes humoristes : je me déplace de façon tellement autonome et je les reconnais tellement tous de loin grâce à leur voix, leur taille, leur corpulence ou encore les vêtements qu'il ont l'habitude de porter que certains me disent que je fais semblant d'être malvoyante juste pour ma carrière. (Vous imaginez ? faire semblant d'être malvoyante juste pour écrire un spectacle ? Le prochain, je me réinvente tétraplégique !)

En immersion

Je vous parle avec fierté du fait que je suis autonome, que j'arrive à voir sans voir, que je fais comme si mon handicap n'existait pas, mais en réalité ce n'est pas si facile. Parfois, j'aimerais bien appuyer sur un bouton pour le mettre en mode « Pause ». À cause de lui, je me suis retrouvée dans des situations dont je me serais bien passée (moqueries, harcèlement, impossibilité de faire certaines choses, obligation de mentir pour pouvoir avancer...). Jusqu'à essayer de me convaincre qu'il n'avait pas beaucoup d'importance, que si je parvenais à le cacher, ce serait comme s'il n'existait pas. Impossible. Il se rappelle toujours à mon bon souvenir et, pour être totalement honnête, je ne lui en veux pas complètement parce que sans ce qu'il m'a fait vivre, je ne serais pas la personne que je suis. Grâce à lui, j'ai appris à me dépasser en osant des choses, j'ai une imagination sans limite, je me suis battue pour mes droits, j'ai réussi à en faire une force en l'emmenant dans mon aventure professionnelle.

Ce livre retrace mon cheminement pour vivre avec cette différence. Il parle du rapport à soi, aux autres, de combats, de féminité, de famille, de coups de mou, de joies intenses, de fierté, d'acceptation aussi. On va aborder toutes ces thématiques dans l'ouvrage. Vous pourrez sauter de l'une à l'autre comme vous voulez, en allant à votre rythme tout en suivant mon flot de paroles (on me reproche toujours de parler trop vite ; avec ce livre, vous pouvez prendre votre temps). Mais donnez-moi une voix sympa, s'il vous plaît. Pour les flemmards, vous pourrez aussi vous contenter de lire les titres. *Tips* : si vous voulez faire semblant d'avoir lu cet ouvrage sans l'avoir vraiment fait, dites cette phrase : « Incroyable, une vraie leçon de vie, je le conseille à tout le monde. » Surtout, n'hésitez pas à le dire avec beaucoup de conviction. C'est très important pour que les gens puissent vous croire et l'acheter.

Plus sérieusement, si on devait résumer ce livre, on pourrait dire qu'il est écrit par une fille qui a avancé à tâtons, s'est mangé des buissons mais a continué d'y croire. Une fille qui ne voit pas très bien, mais qui a sa propre vision du monde. Et surtout, une fille qui ne prétend pas changer le monde avec ses mots, mais juste donner des clés pour se sentir bien dans celui qui existe déjà. Pour continuer, c'est par ici.

1

MA MÈRE

LE PERSONNAGE PRINCIPAL DE MA VIE

Comment se faire sa place dans une famille à laquelle on ne ressemble pas

En apprenant à me connaître, vous apprendrez à connaître ma mère. En fait, vous pensiez avoir acheté mon livre mais c'est à moitié le sien. Parce que partout où je suis, elle est là aussi. C'est dingue. Elle est tellement partout qu'elle arrive même à être le personnage principal de MA vie !

Portrait

Ma mère, c'est une femme de talent. Elle est charismatique, intelligente et sarcastique (je crois qu'elle avait exigé que j'écrive autre chose mais j'ai la mémoire courte, j'ai oublié).

Ma maman, c'est un peu comme mon ombre : quand je prends une décision ou que je m'apprête à faire quelque chose, c'est son image que j'ai en tête et en général, ma première pensée, c'est : « OMG[1], elle va me tuer ! »

Elle est assez stricte et dure de caractère (elle est algérienne !). Elle me dit très rarement qu'elle m'aime mais elle me le montre beaucoup (beaucoup, beaucoup, beaucoup trop). Quand je repasse chez mes parents, elle fait « comme par hasard » mon plat préféré. Quand je suis rentrée chez moi et qu'il est tard, elle s'inquiète et me géolocalise (ouais, elle est assez jeune, elle sait se servir d'un smartphone limite mieux que moi).

---

1. Oh mon Dieu !

Elle est brune, mate de peau, cheveux bouclés et elle est hyper stylée. Elle a du goût. Son travail dans la vie, c'est de s'occuper de nous – nous, c'est ses cinq enfants, six avec mon père !

Sa passion, c'est la décoration d'intérieur. Pendant des années, avec mon père, ils achetaient des maisons, les retapaient et les revendaient. J'ai déménagé douze fois (c'est beaucoup trop !).

Son accouchement, ma première blague

Le 7 novembre 1996 (ne calculez pas mon âge, ça ne sert à rien, c'est dans la tête), je fais ma toute première blague : j'arrive dans ce monde, plus blanche que la neige (c'est le seul point que j'ai en commun avec une princesse ; pour le prince charmant, la vie de château et le *happy end*, on n'y est pas encore). Les cheveux blancs, la peau blanche et les yeux... rooooooooouges ! Bref, un Pokémon.

À ma naissance déjà, je suis une star. Tout le service de maternité de l'hôpital Bonnet de Fréjus parle de moi. TOUTES les infirmières de TOUS les services passent une par une pour voir l'attraction locale de l'hôpital : « T'as vu ce petit bébé tout blanc ? Ses parents sont bruns à la peau mate ! »

Être tout blanc avec les yeux rouges, ça s'appelle être « albinos ». À ne pas confondre avec « albatros » (rien à voir, ça, c'est un oiseau) ou avec la chanson de AronChupa « *I'm an Albatraoz* », selon votre culture.

Je vous avoue que j'étais beaucoup trop jeune pour m'en souvenir donc ce que je vous raconte, c'est ma tante, la petite sœur de ma mère, qui me l'a raconté (je sais, on ne révèle jamais ses sources mais je suis incapable de garder un secret).

J'aurais vraiment aimé être une petite souris pour observer la scène de l'extérieur. Ceci étant, j'en étais un peu une : je ne pesais pas grand-chose et j'étais toute blanche avec les yeux tout rouges. Une vraie souris de laboratoire. Mais j'aurais trop aimé voir leur réaction à mon arrivée magistrale : « Surprise, *motherfucker* ! » Personne ne s'attendait à ça !

Rejeter, puis accepter

Ma mère a été choquée pendant deux-trois heures. Elle ne voulait pas me voir, était complètement sonnée. Il faut dire que les statistiques n'aident pas : 0,005 %, c'est la probabilité d'avoir un bébé albinos. Bingo ! c'était pour elle. Et c'était sans compter toutes les conséquences qui pouvaient découler de ma quasi-absence de production de mélanine : malvoyance et autre handicap non prévu au programme... Mais ça, impossible de le savoir avec certitude les premiers jours. Tout ce qu'on savait, c'est que je ne lui ressemblais pas ; elle devait se demander ce qu'elle allait faire de moi. Je ne suis pas parent mais je me dis que quand on fait un enfant, on imagine forcément comment il ou elle va être, on se projette. Mon fils va ressembler à ci et ça, ma fille va prendre de mon côté, elle aura les yeux comme ça et les cheveux comme ça... Quand le résultat est complètement différent de ce qu'on avait imaginé (en plus, avec les hormones en vrac), ça doit provoquer un petit séisme dans sa vie.

Autre détail : je suis la deuxième de ma fratrie (j'ai une grande sœur, une petite sœur et deux petits frères, si vous voulez tout connaître de moi). Je ne sais pas si vous avez déjà entendu parler de cette théorie du deuxième enfant : il paraît qu'en général, c'est le pire. Une étude réalisée en Floride et au Danemark démontre que l'enfant numéro 2 est en général moins obéissant, moins doué à l'école et surtout, a plus de chance d'avoir des soucis avec la justice ou en société.

Pauvre maman,
non seulement je suis arrivée
dans sa vie complètement
DÉCOLORÉE
mais en plus avec
LE PIRE DES CARACTÈRES.
L'enfant la moins facile du monde !

Je suis quand même assez fière de cette première blague dès le berceau. Je me dis que j'ai marqué les esprits car à l'hôpital, on a parlé de moi pendant des semaines et des semaines. Ça, c'est ce que j'appelle un bon début de carrière.

Au bout de quelques mois de suspens, le diagnostic est tombé : j'étais aussi malvoyante. Fin du suspense. Du côté de ma mère, il y a eu moins de paroles en l'air que dans les couloirs de l'hôpital car c'est une femme d'action. Une fois le choc passé, elle a fini par accepter... Bébé mat de peau ou pas, voyante ou non, finalement, j'étais juste sa deuxième fille. Et comme elle ne fait pas les choses à moitié et que c'est elle qui décide de tout pour tout le monde, le reste de la famille n'a pas non plus eu d'autre choix que d'accepter !

On devient ce que nos parents font de nous

La première « surprise » passée, j'ai donc été une enfant normale – c'est en tout cas comme ça qu'elle et mon père m'ont traitée toute ma vie. Et je pense que c'est la meilleure des choses qu'ils aient pu faire pour moi. J'ai grandi sans avoir le sentiment d'être différente. Comme ma grande sœur (à une teinte près...), j'ai été aimée, élevée, de la même façon.

Je me souviens quand même avoir passé une bonne partie de mon enfance dans des hôpitaux, des cabinets médicaux et entourée de professionnels de santé. Pendant quelques années, mes parents ont sans doute essayé de trouver des solutions pour m'aider à régler ce « problème ». (Je dis « sans doute », parce que c'est ce dont je me souviens, mais je n'ai pas plus d'infos ; je n'aime pas trop interroger mes parents sur le sujet, et dans ma famille, on est très pudiques, on ne parle pas de ces choses-là.) Des rendez-vous, des opérations, des psys… tout ça, avec ma maman jamais très loin, qui n'a plus jamais laissé transparaître une once d'inquiétude. Quand on est enfant, on n'a pas de notion de ce qui est normal ou pas, on considère juste que ce qu'on connaît est notre référence. Pour moi, c'était donc juste le quotidien d'une enfant « normale ». Je n'ai pas le souvenir d'avoir mal vécu quoi que ce soit même si, avec du recul, je me rends compte que ça devait être une sacrée organisation pour ma famille et que, enfant, j'aurais pu ressentir les choses de façon beaucoup plus négative.

Je pense que
LA GRANDE FORCE DE MES PARENTS,
surtout de ma mère,
c'est d'avoir mis
LEURS INQUIÉTUDES DE CÔTÉ
pour me laisser voler de mes propres ailes d'albatros !

On ne m'a jamais empêchée de faire ce que je voulais : du cheval, du judo, du tennis (même si, la tête en l'air, je cherchais la balle pendant de longues minutes alors qu'elle était déjà au sol dix mètres plus loin derrière moi...). Prendre les transports seule comme une grande aussi, et finir au terminus de la ligne de bus parce que je l'ai prise dans le mauvais sens, sortir avec mes amis, me perdre...

La contrepartie de cette autonomie, ce sont des appels de *check* réguliers (je vous l'ai dit, ma mère est arabe !). Pour la petite anecdote, un jour, je suis partie à pied de chez moi jusqu'à la gare, direction la fac. Quinze minutes après être sortie de la maison, je reçois un appel de ma mère : « Tu vas bien, Lilou ? » Ce à quoi je réponds : « Oui maman, on s'est quittées il y a dix minutes... » Et là, elle me dit : « Ouf ! j'ai vu le camion de pompier aller en direction de la gare, j'ai cru que tu t'étais fait renverser... » On ne va pas se mentir, ça aurait pu être moi, et ma mère le savait très bien. Elle devait être morte d'inquiétude mais elle est restée calme au téléphone, et ça n'a rien changé par la suite : j'ai continué de me déplacer comme je le voulais et de façon autonome.

Aujourd'hui, je suis reconnaissante d'avoir une maman qui prend beaucoup de place dans ma vie, qui me veut indépendante mais qui se mêle de tout, de qui parfois j'aimerais m'affranchir mais vers qui je me tourne dès que ça ne va pas. Je vous souhaite d'avoir la même chose.

Une bonne maman, c'est comme de la confiture : ça s'étale un peu partout, ça colle parfois mais c'est toujours réconfortant.

Complément d'enquête

En exclusivité pour vous, nous avons interviewé la mère de Lilia à la sortie de la maternité. Elle s'est prêtée au jeu malgré le manque de sommeil.

Qu'avez-vous ressenti en voyant que votre bébé était un Pokémon ?

Pokémon, c'est abusé ! D'accord, elle est toute blanche avec les cheveux blancs, mais elle a les joues toutes roses et bien potelées (c'est un gros, gros bébé). Elle ressemble à une poupée toute fragile. Quand je l'ai vue, je me suis dit : « Oh, un bébé *limited edition*[1] ! »

Que préconiseriez-vous suite à un tel choc traumatique ?

C'était un choc et c'est devenu un show ! Au bout de quelques heures, je m'en suis remise et j'ai aimé cette petite poupée de tout mon cœur. Mais le vrai choc, finalement, c'est plus les autres… Tout le monde entre et sort de ma chambre et on vient constamment me poser des questions intrusives. Si une aventure comme la mienne vous arrive, je vous conseille d'accepter ce que la vie vous offre comme joli cadeau et d'en prendre grand soin.

Que recommanderiez-vous aux parents qui aimeraient échanger leur enfant ?

Apparemment, ils ne sont ni repris ni échangés. Désolée mais il va falloir faire avec ! Alors débrouillez-vous. Vous verrez, vous finirez par apprécier la singularité du petit être que vous avez créé. Soyez-en fiers. Moi, je le suis.

---

1. Certaines expressions ont été légèrement adaptées.

2

RENTRÉE

DES CLASHS

Ma première découverte
du harcèlement

En 1999, je rentre en maternelle. Je n'ai même pas 3 ans, et jusqu'ici j'ai toujours été dans mon cocon familial. Je ne me suis jamais posé la question de savoir si j'étais différente ou pas, même si je surprends un jour une conversation entre ma mère et ma grande sœur sur le fait qu'elle doit bien faire attention à moi parce que je ne perçois pas les choses de la même façon qu'elle. Le handicap est un non-sujet pour moi. Je vis ma vie de petite fille et c'est tout. Le contact avec le milieu scolaire va me ramener à la réalité.

Premiers jours d'école

Mon premier jour d'école, je suis vraiment très petite et mes souvenirs sont un peu flous (au sens propre comme au sens figuré, vous vous en doutez...). Ce que j'ai ressenti, par contre, est assez clair dans ma mémoire : j'ai le sentiment très net de ne pas avoir passé une bonne journée.

J'arrive à l'école du haut de mes deux ans et demi ; j'imagine que, comme tous les enfants, je retrouve ma maîtresse et découvre ma classe accompagnée de ma mère, puis cette dernière s'en va une fois que je me suis familiarisée avec le lieu. Je garde un souvenir assez désagréable de cette maîtresse, et ce, dès notre première rencontre : une ombre imposante, aux cheveux courts, avec les poings sur les hanches comme les personnages de méchantes dans les livres ou les dessins animés. Dès le départ, le courant ne passe pas. Je sens qu'elle ne sait pas trop quoi faire de moi et n'adapte ni l'espace de vie ni les activités à ma situation.

En classe, on a un coin bibliothèque avec plein de livres. J'en repère un qui me donne envie : *Elmer*. Vous connaissez ce livre ? Tous les enfants l'adorent. Je ne le sais pas encore à l'époque mais c'est l'histoire d'un éléphant bariolé qui vit mal le fait d'être différent des autres : il est multicolore quand ses congénères sont tous gris. Ce que j'adore sur cette couverture, c'est qu'elle est pleine de couleurs vives. Je ne vois pas forcément tous les carrés dessus ni la forme de l'éléphant, mais je perçois un objet gai, coloré, ça me parle. J'attends donc toute la journée « l'heure de l'histoire » en espérant que ça tombe sur ce livre. Quand arrive le moment en question, la maîtresse le prend ! Je suis surexcitée. Elle s'assoit face à nous, lit une page et montre les images à toute la classe. Et là, évidemment… je ne les vois pas. Mon excitation retombe, je suis déçue. Comme je ne suis pas très à l'aise avec elle, je n'ose pas lui dire que je ne vois pas, qu'il faudrait que je me rapproche. Elle, de son côté, fait comme si de rien n'était. Quelques jours passent et c'est toujours le même sketch. Elle n'adapte rien, me laisse livrée à moi-même, ne fait aucun effort pour m'aider et m'intégrer dans l'espace « classe ». Clairement, elle a d'autres choses à faire et je sens que je gêne.

Tous les soirs, au moment de l'histoire, c'est pareil. Comme je ne vois pas les illustrations, je commence à me créer mes propres images dans ma tête. Cette maîtresse est mon premier vrai contact avec le monde extérieur. Ce premier contact est franchement mauvais, mais il aura au moins eu le mérite de développer ma créativité…

Je finis par en parler à ma mère : « Tu sais maman, la maîtresse, elle ne me laisse pas regarder les images quand elle lit l'histoire et elle ne m'aide jamais pour rien. » Je ne me souviens pas exactement de la réaction de ma mère mais je pense qu'on a dû l'entendre dans les couloirs de l'école… Rapidement, on me change de maternelle pour me mettre « dans une structure plus adaptée ». À l'époque, je me demande pourquoi on me déplace loin de ma grande sœur, qui était jusqu'ici dans le même établissement que moi… Très vite, je me retrouve dans une école où il y a une fille malvoyante comme moi et une référente « handicap ». Les choses deviennent un peu plus simples.

Les autres et moi

En maternelle, je n'ai pas vraiment de souvenirs avec les élèves de ma classe. C'est en élémentaire que mon rapport aux autres commence à prendre un tournant différent.

Depuis que je suis petite, j'ai la peau très blanche, les yeux très rouges, et ils bougent très vite, comme s'ils dansaient la salsa. Ça n'a pas échappé aux élèves de ma classe de CP. Un jour, en début d'année, on est dans la cour de récré et je sens que tous les élèves de la classe me regardent. L'un d'eux crie : « Hé, Lilia, on fait un nouveau jeu ! Viens au milieu du cercle ! » J'y vais, heureuse d'être intégrée à la dynamique de groupe. Là, ils se mettent à chanter en chœur : « T'as les yeux qui bougent, on te parle plus parce que t'es handicapée ! » Dès petite, j'expérimente la violence de la moquerie et mon premier rejet. C'est là que je comprends vraiment que je suis différente. Le plus violent dans l'histoire, c'est qu'on me reproche d'être malvoyante comme si je l'avais choisi.

Du côté des adultes, c'est l'inertie totale. Aucune réaction à cet incident. Je ne me souviens plus exactement de ce qui s'est passé ensuite mais je me souviens que cet épisode arrive à peu près au moment où ma famille doit déménager. Au bout de quelques jours, on me change de nouveau d'école et je retrouve ma sœur dans la nouvelle école où nous sommes inscrites toutes les deux. Si on recommence à se moquer de moi, elle me défend. Ça me rassure, j'ai moins peur, et dès que ça ne va pas, je cours vers elle à la récréation.

Dans cette école, il y a un autre gros changement : une des profs m'aime bien. C'est la première et la dernière fois que c'est arrivé, en vingt-cinq ans de carrière à l'école publique (oui, vingt-cinq ans à l'école, parce que j'ai un bac + 5… mais j'ai aussi redoublé pas mal de fois !). J'ai cru comprendre un peu plus tard que cette personne était elle aussi une référente « handicap », donc un peu plus à même de comprendre les besoins des élèves comme moi. À l'époque, les différentes « agressions » que j'ai subies m'ont rendue turbulente, et c'est la seule qui comprend pourquoi je réagis comme ça. Je me sens bien quand elle est là. C'est aussi la première à prendre ma défense face aux autres élèves. C'est à ce moment-là que je réalise que ce que je vis n'est pas normal, et que les autres n'ont pas le droit de m'attaquer. Je commence à me défendre et, pour me protéger, à devenir moi-même agressive. Cette agressivité va me définir pendant très longtemps par la suite.

Arriver à se construire

De manière générale, mon rapport à l'école n'a rien de positif. Je suis allée à l'école publique, où rien n'est pensé pour accueillir et intégrer les personnes handicapées. Pour moi, ça a été un cercle vicieux : on ne m'a pas intégrée au début, donc je me suis sentie seule, j'ai eu peur aussi. Dans ce flot d'émotions négatives, ma réaction a été de devenir moi-même agressive, et donc de m'isoler encore plus. Dans mon cas, j'ai passé quasiment toute ma scolarité jusqu'au lycée assez seule, j'étais devenue trop méchante pour me faire harceler et surtout, trop méchante pour me faire des amis. Au lycée, j'ai fini par comprendre que pour se faire accepter et pour avoir des potes, il fallait être un peu plus cool, plus ouverte, plus sociable. C'est là que j'ai découvert l'autodérision, et les choses ont commencé à changer.

Avec du recul, je trouve ça vraiment dommage : l'école est l'endroit où on passe la plus grande partie de son temps quand on est enfant et j'aurais aimé que les choses soient différentes. Je comprends que certaines personnes aient du mal à se remettre d'un harcèlement. C'est hyper violent. Déjà, il y a la violence du rejet.

On est rejeté parce qu'on n'est
« pas comme les autres »
alors qu'on n'a rien demandé !
On nous attaque sur
CE QU'ON EST,
comme si on n'avait pas
le droit d'exister.

Il y a aussi la violence de l'effet de groupe. Le harcèlement, ce n'est pas une personne contre une autre. C'est un groupe contre une personne. Ça peut être un groupe entier agressif, mais aussi un groupe silencieux qui assiste aux situations d'agression et ne dit rien. Ce sont aussi ces personnes passives qui permettent et légitiment cette violence.

En même temps, on ne peut pas non plus trop leur en vouloir, à ces élèves. Il y a dix ans, on n'était pas aussi sensibilisé au harcèlement qu'aujourd'hui et on ne mettait pas vraiment de mots sur le sujet. Le vrai problème, pour moi, c'est quand, dans le groupe silencieux, il y a aussi les adultes, ces gens censés nous défendre... En ne faisant rien, en laissant faire, ils renvoient l'image que tout ça est normal et que c'est possible d'agresser les autres sans être puni. C'est une deuxième forme de violence, c'est comme s'il n'y avait pas de justice.

Cette violence a provoqué chez moi beaucoup de colère, et cette colère m'a construite en tant qu'adulte. Je la ressens encore aujourd'hui quand, des années plus tard, certains de mes anciens harceleurs ont le culot de m'envoyer des messages et de me féliciter pour « la force » dont je fais preuve et ma « carrière prometteuse ». Et c'est vrai qu'une partie de moi a envie de leur hurler à une heure de grande écoute : « Hé, les losers, je suis à la télé », comme si j'avais réussi ma vie et pas eux.

Heureusement avec le temps, l'âge et les nouvelles expériences, j'ai pu prendre le recul nécessaire et apaiser cette colère. Cela dit, je ne pense pas avoir pardonné car pardonner, c'est aussi accepter, et je ne suis pas d'accord avec ce qui s'est passé. À la rigueur, je pourrais pardonner aux enfants mais aux adultes qui ne m'ont pas protégée, non. C'était leur rôle de réagir et je ne méritais pas ça ; personne ne mérite ça ! Et en réalité, je ne pense pas qu'on ait besoin de pardonner pour avancer : ces moqueries ont sans aucun doute été un moteur, la colère a fait de moi quelqu'un de plus fort. Elle ne m'a pas empêchée de me construire, au contraire. Et je le dis très peu mais je crois que je suis fière de moi, fière d'avoir su transformer ces maux en mots (*drop the mic*, j'écris mieux que Camus).

Au final,
SANS REGRET :
je ne me suis pas laissé faire
ET J'AI GAGNÉ !

LA MARELLE

**Je vous propose de retomber en enfance
et de jouer à la marelle.
On connaît toutes et tous les règles du jeu :
il faut sauter à cloche-pied de 1 à 3, puis
remettre ses pieds respectivement sur 4 et 5,
pour repartir à cloche-pied sur 6, sur deux pieds
sur 7 et 8, tout ça pour arriver vers le ciel.**

J'ai l'impression que la construction de soi, ça fonctionne un peu comme une marelle. **Le but du jeu, c'est de réussir à se construire.**

Au départ, on est seul. On ne connaît pas trop les règles du jeu 1. On tâtonne, on se cherche, on grandit un peu mais tout seul, c'est difficile 2. **Puis on rencontre les autres qui nous apprennent à jouer.** On essaye une première fois, puis on trébuche et on recommence.

Dans la cour de récréation, on rencontrera plein de personnes : ceux qui nous expliqueront les règles et nous donneront quelques petits conseils pour aller le plus loin possible ; ceux qui se moqueront parce qu'on s'est trompé ou parce qu'on n'a pas tous les *skills* pour jouer comme les autres ; d'autres encore qui n'attendront qu'une seule chose : qu'on tombe 3. **Les plus méchants de la cour de récré arriveront en groupe et nous pousseront, on sera seul contre tous.** Seul, malgré le fait qu'on est entouré de plein de gens, de témoins impassibles. C'est sans doute le moment le plus compliqué (4 + 5).

Quand on est seul contre tous, on est tenté de quitter la partie et d'arrêter de jouer. C'est ce qu'il ne faut surtout pas faire ; on peut faire une pause, mais le plus important, c'est de ne jamais s'arrêter pour réussir à arriver jusqu'au Ciel.

Le Ciel, c'est la finalité. **C'est l'équilibre entre tous ceux qu'on a rencontrés**, tout ce qu'on a traversé dans l'environnement qui nous entoure 6. Et le jour où on grandit pour avoir une influence et devenir acteur de ce qui nous entoure (7 + 8), c'est là qu'on accède au Ciel et qu'on gagne la partie.

Le Ciel, c'est toi ! Tu t'es trouvé.

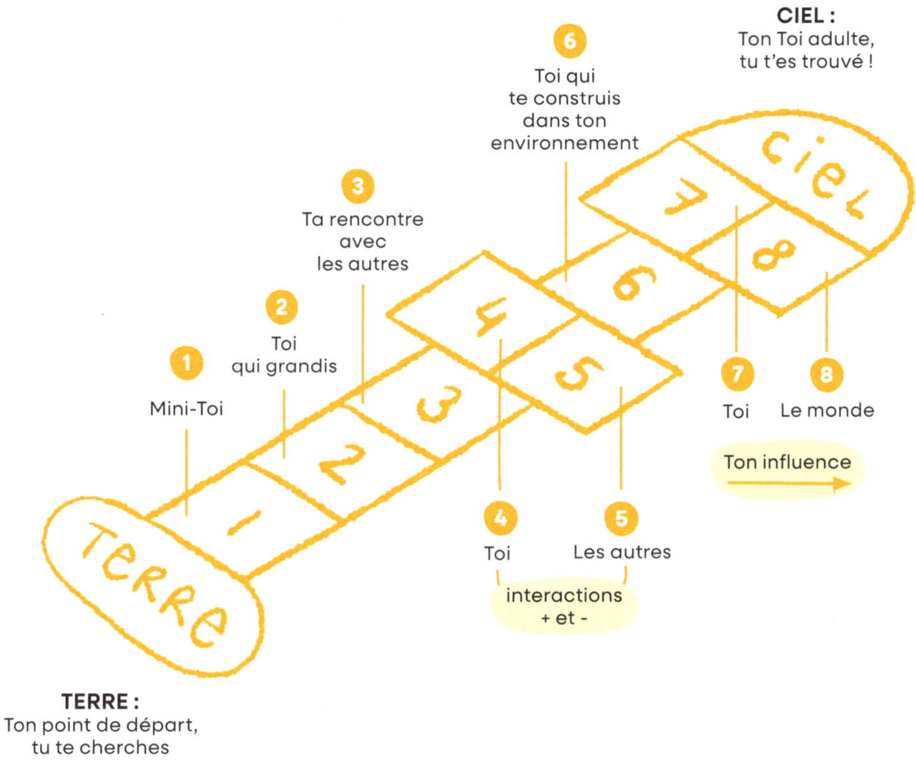

3

PRESQUE AVEUGLE, ALBINOS, mais CANON

Quel intérêt à se maquiller
quand on est malvoyante ?

En grandissant, j'ai commencé à m'affirmer et à attacher beaucoup d'importance à mon apparence, ce qui peut sembler un peu étrange sachant que je n'y vois pas grand-chose. J'aime suivre les tendances, être bien habillée. J'aime les vêtements, j'aime (beaucoup trop) les baskets. J'ai besoin de me sentir à l'aise dans ce que je porte et je sais que ça a un impact sur la confiance que j'ai en moi. C'est à partir du lycée que j'ai commencé à faire vraiment attention à mon look et ça, ça implique de se maquiller. Question à un million de dollars : comment se maquiller quand on est malvoyante ? Comment ne pas ressembler à un clown ?

Miroir de soi, miroir des autres

J'ai commencé à me maquiller à l'adolescence pour faire comme les autres. La toute première fois, je m'en souviens très bien : je m'étais dit que c'était une super idée de me mettre de la BB crème pour avoir la peau hydratée et un teint bien lisse, légèrement bronzé. Par-dessus, un peu de blush sur les joues, histoire de rehausser le tout (je ne voulais pas non plus en faire trop). Je me sentais hyper fraîche, j'étais trop fière de ce que je portais, c'était *self confidence* +++. Jusqu'à ce que j'arrive au lycée et que je retrouve mes copines « aux radiateurs ». C'était notre endroit (vous savez ? les groupes de potes, on a tous un QG au lycée, un endroit où on se retrouvait entre nous). C'était le rendez-vous du matin ; on faisait les présents, les absents, les news de la veille et qui avait quitté qui. En général, c'est aussi dans ces moments-là que les élèves super impliqués dans leur scolarité comme moi apprenaient qu'ils avaient un examen ou un truc à rendre pour le jour même. Bref, vous situez ?

Imaginez la scène : j'entre au lycée, j'arrive, déterminée comme jamais, je rejoins mes copines et j'attends. Je me dis qu'il y en a sans doute une qui va remarquer… Et c'est le cas au bout de vingt secondes. Une de mes amies me dit : « Lilia, t'as chaud ? T'es toute rouge ! Qu'est-ce que t'as sur le visage ? » Pas du tout la réaction ni les compliments que j'attendais… La honte, j'avais mis plus de blush d'un côté que de l'autre, je ressemblais à un clown… Normal, je ne me vois pas dans le miroir. Évidemment, je l'ai très mal vécu. Ma pauvre copine, je ne lui en veux pas, mais je l'ai tenue pour responsable pendant longtemps, pensant que c'était de sa faute alors que non.

Toute la journée, j'ai retracé dans ma tête le chemin de chez moi au lycée en passant par le bus et en me disant que tout le monde avait dû remarquer que j'étais hyper mal maquillée. Jusqu'à aujourd'hui, à chaque fois que je porte du blush, j'y pense. C'est vous dire comme ces trucs-là nous marquent.

Du coup, je me suis fait une note à moi-même : ne mets pas trop de rouge la prochaine fois. Comme pour la BB crème : essaye d'en mettre pareil des deux côtés.

Mais la question, c'est quand même : Au fond, qu'est-ce qu'on fait pour soi ? Qu'est-ce qu'on fait pour les autres ? En tant que femmes, on a toujours des injonctions à être belles et sexy dans toutes les situations.

Qui n'a jamais porté des talons beaucoup trop hauts et inconfortables juste pour avoir l'air CANON ?

Peut-être ma génération car oui, je suis née à la bonne époque. L'époque de ceux qui passent des entretiens d'embauche en baskets.

On ne peut pas nier que ces dernières années, les choses ont bien évolué. Des paroles se libèrent, celles de toutes ces femmes qui en ont fait leur combat et qui ont dit haut et fort : « J'en ai marre de me faire belle pour la société. » Mais en même temps, c'est scientifiquement prouvé : si tu te sens bien dans ce que tu portes, tu as forcément davantage confiance en toi.

En fait, on peut se poser la question chaque matin : « Pourquoi je le fais ? » ou « Pour qui je le fais ? »

Et si les réponses
À CES QUESTIONS,
ce n'est pas :
« JE LE FAIS POUR MOI »,
« JE LE FAIS POUR ME SENTIR BIEN »,
peut-être que ça n'en vaut
pas vraiment la peine ?

(Voici un des nombreux conseils que je vais vous donner dans ce livre et que je suis la première à devoir respecter. Vous les écrire, c'est me le rappeler, donc merci à vous.)

Même si j'ai pris du recul et que le make-up n'est plus aussi important pour moi aujourd'hui, je trouve que le maquillage, comme n'importe quel accessoire, ça définit quand même qui on est, sa personnalité. Porter un peu de maquillage, même si je ne le vois pas, ça me fait me sentir bien parce que j'imagine le regard des autres sur moi. Parfois, j'ai envie d'être belle, féminine, même si je sais que je suis limitée dans ce que je peux faire. Mais je trouve des solutions. Jusqu'à aujourd'hui, ça n'a aucun sens pour moi de me regarder dans une glace et c'est toujours aussi compliqué de me maquiller sans me voir, mais j'ai appris à compenser un sens par un autre et à me connaître grâce au toucher. Avec le temps, mes mains sont devenues mon deuxième miroir : elles m'aident à sentir et à équilibrer ce que je mets sur mon visage (mais ce n'est pas hyper pratique).

Trouver le juste équilibre pour se sentir bien

Aujourd'hui, j'accorde moins d'importance au make-up ; je préfère le parfum. J'ai un odorat hyper développé et j'ai grandi avec une mère qui se parfume tout le temps. Donc je peux dire en toute modestie que je suis un peu une pro sur le sujet. Je mets du parfum tous les jours et j'en change, je fais des mélanges pour tester… J'aime bien parce que personne n'a la même odeur que moi.

J'accorde aussi plus d'importance au toucher. Depuis que je suis enfant, on m'a toujours dit que je devais me protéger du soleil et mettre une tonne de crème.

STORY TIME Quand on allait à la plage, mon père m'en mettait tellement qu'il faisait des dessins sur ma peau avant de l'étaler. Me faire des dessins, c'était la seule solution pour que je coopère et que je le laisse m'appliquer toutes ces couches. Il essayait de rendre les choses un peu plus fun. Bien joué ! Je n'aimais pas ça, la crème solaire. Déjà, j'étais très blanche, alors avec des couches en plus, j'étais fluorescente dans l'eau. Un stabilo ! À la plage, je ne ressemblais à rien. J'avais un bob sur la tête, une tonne de crème, un t-shirt et des lunettes de soleil… les autres portaient juste un maillot de bain ; moi, j'étais plus couverte que pour aller skier. D'ailleurs, je parle au passé mais jusqu'à aujourd'hui les règles sont les mêmes : pas de maillot de bain en plein soleil, sinon c'est direction le service des grands brûlés !

Une fois, j'ai transgressé les règles. J'étais ado et on est allés à la plage entre potes, sans les parents (*la vida locaaaa*). Ce jour-là, j'ai fait un « déni d'albinisme »… Pas de crème solaire, pas de chapeau. Juste une paire de lunettes, pour être stylée. Je me disais : « Les parents exagèrent, ce n'est pas si dangereux… » C'est connu que les adultes, ça exagère toujours. Qui n'a jamais entendu ses parents dire un dimanche matin : « Debout, il est midi ! » alors qu'il était à peine 9 heures !

BREAKING NEWS J'ai bien changé de couleur, mais pas pour un teint doré… J'ai été brûlée au troisième degré, j'ai mis quatre semaines à me remettre de ce coup de soleil. J'ai gâché toutes mes vacances d'été et je n'ai même pas bronzé ! Tout ça pour « faire comme tout le mooooonde ».

C'est FOU quand on y pense.
J'aurais pu avoir un cancer
de la peau, mais pour
RESSEMBLER AUX AUTRES,
j'étais prête à TOUT !

Se créer ses propres codes

Il faut dire que souvent, on s'inspire des modèles qu'on a autour de soi pour se construire, mais perso, je n'ai jamais vu aucun modèle stylé d'albinos à la plage durant mon adolescence… Du coup, j'ai cherché à copier mes proches, mais ça ne me correspondait pas (pour cette histoire de crème solaire, ça aurait même pu être fatal). Ma tante, par exemple, nous a appris plein de choses, à mes sœurs et moi : elle est très coquette et se mettait toujours du vernis, du maquillage… Mes sœurs ont pu s'en inspirer mais moi, je ne ressemblais pas aux membres de ma famille. Quand je suis née, j'avais les cheveux très blancs (ils ont foncé avec le temps), je ne bronzais pas du tout. Je n'avais pas la même couleur de cheveux, pas la même couleur de peau que mon entourage, donc après quelques essais à copier les autres sans succès, j'ai dû me trouver toute seule. Je me souviens que pendant longtemps, à chaque fois que ma mère et mes tantes voyaient des albinos dans la rue, elles me disaient : « Tiens, il ou elle est comme toi. » Mais pas vraiment, en fait. Ce sont des choses qu'on ne verbalise pas mais ce n'est pas évident de trouver son identité, notamment en tant qu'albinos, quand on n'a pas de représentations auxquelles s'identifier autour de soi.

Heureusement, avec l'avènement des réseaux sociaux, il y a d'autres modèles dont on peut s'inspirer et on finit petit à petit par devenir ce à quoi on veut ressembler. Moi, j'ai fini par me trouver en tant que personne, en tant que femme, mais ça a pris du temps et c'est en partie grâce au regard de certaines personnes autour de moi, qui ont été mes miroirs bienveillants. C'est aussi arrivé quand j'ai compris que pour réussir à se définir, il fallait inventer son propre modèle et choisir qui on voulait être sans chercher à copier les autres.

Je vous donne un exemple avec les vêtements : j'aime être bien habillée et à l'aise dans ce que je porte. J'arrive à voir les couleurs, c'est ce qui m'attire dans le vêtement. Ensuite, comme j'aime la mode, je me suis renseignée sur ce qui allait ensemble en termes de couleurs, de matières... et je choisis en fonction. J'ai aussi eu le retour de mes sœurs, ma mère, mes tantes, mes amies sur ce qui me va ou ne me va pas et c'est gravé dans ma tête. Aujourd'hui, on peut dire que je m'habille par déduction, mais aussi par habitude : je sais par exemple que si je porte un bas en jean, je vais porter un haut plutôt ample. Je ne vais pas non plus porter de vêtements moulants, ça m'oppresse très vite. Avec ma sensibilité au soleil, je me suis habituée à trouver mon style dans les vêtements qui me couvrent la peau, été comme hiver. J'adore les jupes et les robes, mais pour moi, elles seront toujours mi-longues ou longues. Idem pour les t-shirts, toujours à manches longues.

On a beaucoup parlé du regard négatif des gens mais aujourd'hui, ce regard des autres a un impact positif sur ma vie. À chaque fin de spectacle, des personnes viennent me dire : « Tu sais, Lilia, tu es très belle. » J'avoue qu'au départ, je ne savais pas trop comment le prendre. Je me demandais s'ils me disaient ça pour me consoler de ma différence ou s'ils le pensaient vraiment. J'ai toujours imaginé qu'on me regardait à cause de cette différence et de mes yeux rouges qui n'arrêtent pas de bouger mais grâce à ces témoignages réguliers, j'ai compris que parfois, ce n'était pas le cas. Dans le métro, ça m'arrive parfois de mettre mes lunettes de soleil pour éviter qu'on me regarde lourdement, une façon de demander aux gens d'arrêter. En général, je n'ai pas le courage de leur parler directement mais une fois, ça m'est quand même arrivé avec une dame qui me fixait avec insistance. Je sentais son regard sur moi et j'étais mal à l'aise. Je suis allée la voir et je lui ai dit : « C'est mes yeux que vous regardez ? Ça me dérange… » Et elle m'a répondu : « Pas du tout, je regardais vos colliers. Je les adore ! » Et allez, un but contre son camp ! Comme quoi, on a beau avoir trouvé son style, parfois on va se focaliser sur un détail qui nous dérange chez nous alors que les autres ne vont pas du tout y faire attention. Dans ces moments-là, c'est notre propre regard sur nous-mêmes qu'on doit changer.

TUTO

Comment appliquer du blush dans le noir ?

Voici trois conseils d'experte pour se maquiller sans ressembler à un clown.

1. Prends ton blush liquide et fais bien attention de ne pas te le renverser dessus quand tu l'ouvres.

2. Dépose un peu de matière sur la partie inférieure de ton pouce, à l'intérieur de ta main.

3. Frotte-le avec l'autre main et applique-le sur tes joues (bien pareil des deux côtés).

Vérification : trouve un coin de lumière. Zoome au maximum et tu te verras en plus gros. C'est là que tu pourras faire tes meilleures make-up – mascara, trait d'eye-liner et *tutti quanti*. (Si tu as à côté de toi ton ou ta meilleure pote, ta sœur ou quelqu'un qui peut te servir de miroir, ne perds pas ton temps à galérer et demande directement, ce sera ton meilleur *feed-back*.)

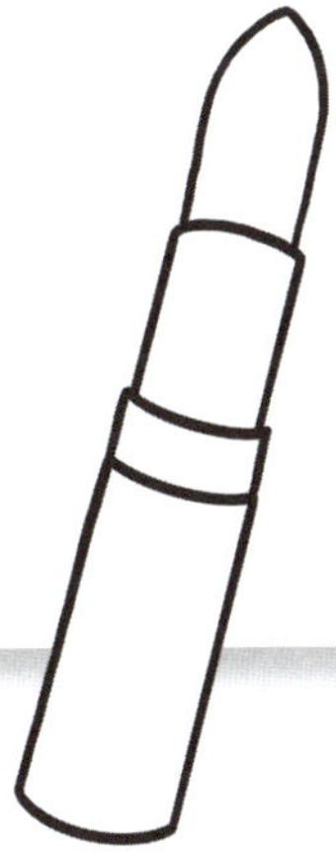

4

LA HARCELÉE HARCELEUSE

Comment je suis passée de l'autre côté du miroir

Ce que vous vous apprêtez à lire, c'est la partie la moins sympa du livre, la partie où j'avoue avoir fait ce que je dénonce dans plein d'autres chapitres. Un truc pas si simple à écrire, pas si simple à reconnaître mais, je pense, important à dire : je suis moi-même devenue harceleuse.

American bad bitch

En 2014, je suis au lycée. À ce moment de ma vie, je suis dans mon « era », l'apogée. Mon but : qu'on parle de tout sauf de mon handicap. Je veux attirer l'attention sur autre chose et j'y arrive plutôt bien. J'ai compris que l'humour était une arme et qu'amuser la galerie me rendait populaire. Fini les moqueries : on me trouve drôle, belle, et surtout... méchante. Parce que malheureusement (je l'ai appris à mes dépens), parfois, pour faire rire les autres, il suffit de se moquer de quelqu'un. Ce qu'on m'a fait, je me suis donc mise à le faire. Les gens commencent à avoir peur de moi. Il vaut mieux être mon ami que mon ennemi.

À l'époque (pour ceux qui étaient nés), on n'avait pas de story, du coup on allait sur Facebook. C'était *the place to be*, le premier réseau social. La grosse *trend*, c'était de poster des statuts en étant en cours, du genre « En direct du cours d'anglais de Mme Langlois... ». Ça voulait dire que tu utilisais ton Blackberry pendant les heures de cours. TROP UNE *THUG*[1] !

1. Pour les personnes ayant passé 30 ans, une *thug* est une personne rebelle, qui ne respecte pas les règles.

Un jour, j'ai posté un commentaire méchant sur le « statut Facebook » d'une fille de ma classe. Déjà ce n'était pas super comme démarche, mais ça aurait pu s'arrêter là. Sauf qu'avec l'effet de groupe, d'autres élèves m'ont suivie ; ils ont surréagi à mon commentaire et on s'est entraînés les uns les autres en mode bashing. Comme c'est moi qui avais lancé les hostilités, j'étais un peu la meneuse, la cheffe d'orchestre. Je sentais que j'avais le pouvoir. Je me souviens que les gens m'envoyaient des messages pour me dire « t'as vu ce que j'ai écrit ? » comme s'ils avaient envie que j'approuve, et c'est ce que je faisais. J'avais ma petite meute, j'étais le cliché de la méchante avec ses disciples dans les séries américaines. Je regardais *Gossip Girl* en boucle (ne commencez pas à me dire que c'est une réf de vieux, c'est la meilleure série de tous les temps), et dans ma tête, j'avais la même vie. À quelques détails près : je n'étais pas millionnaire, mon lycée était dans les Hauts-de-France, pas à Manhattan, et surtout, les actions débiles que je faisais avaient de vraies conséquences. Mon but, ce n'était pas d'avoir mon diplôme mais de devenir la reine du lycée (ça n'a aucun sens !). Et d'ailleurs, quand je regardais ces séries, mes personnages préférés, c'étaient les gens méchants, imbus de leur personne, que les autres faisaient semblant d'aimer. Bah oui, en fait, dans ces moments-là, quand tu es spectateur de ce qui se passe, tu as deux choix : soit tu fais le héros et tu dénonces les méchants comme moi, mais tu prends le risque d'être harcelé à ton tour, soit tu es du côté des méchants ou des gens silencieux qui se taisent et qui regardent, et c'est moins risqué. La plupart des gens vont dans ce sens et moi, ça m'allait. C'est vous dire dans quel état d'esprit j'étais.

Rapidement, « X » (c'est comme ça qu'on appellera la fille de ma classe pour protéger son anonymat) est allée se plaindre de harcèlement. Plainte totalement justifiée, et d'ailleurs un très bon réflexe ! S'en sont suivies des punitions, des exclusions et des heures de colle pour moi chaque vendredi de 16 heures à 18 heures avec ma prof de SVT pendant trois mois ! Le rêve. Honnêtement, c'était bien mérité. Ce n'est pas allé plus loin, mais en fait, c'est déjà bien trop loin. Avec le recul, je me rends compte que je n'aurais pas dû faire ça et je le regrette. L'essentiel pour moi, à l'époque, c'était de faire rire, peu importe comment, de qui, pourquoi. J'ai posté mon commentaire et *basta*. Il m'a fallu une longue année pour commencer à me remettre en question. Au départ, pour être très honnête, je m'en fichais un peu… Puis, ce genre d'événements, ça fait partie de ces trucs auxquels on pense le soir en se couchant, qui ne nous laissent pas vraiment tranquilles, en paix avec nous-mêmes. Petit à petit, ça a mûri, j'ai fait mon chemin et c'est avec le recul que j'ai pris conscience de la gravité de mon geste.

Passer « de l'autre côté »

Vous vous demandez sans doute pourquoi j'ai reproduit ce qu'on m'a fait au lieu d'en faire un combat et de lutter contre ? C'est vrai, ça aurait pu être mon combat. J'aurais pu choisir cette cause, utiliser à bon escient cette « grande gueule » que j'avais, en étant la voix de ces élèves maltraités. Mais en reproduisant le schéma, c'était sans doute une façon de me protéger inconsciemment : si les autres avaient peur de moi, aucun risque qu'ils osent se moquer. Les mots étaient mon bouclier. Je ne savais pas me battre (je ne sais toujours pas me battre et je ne me suis d'ailleurs jamais battue avec quelqu'un… je fuis, c'est plus simple).

Et dire quelque chose de méchant à quelqu'un, c'est plus fort qu'une douleur physique. Ça reste, ça résonne en toi longtemps, pendant des années même, et quand tu y penses, tu peux même ressentir une petite douleur dans ton corps. Je le sais, je l'ai vécu.

Je crois que, moi aussi, je voulais savoir ce que ça faisait d'être de l'autre côté, du côté des gens qui font souffrir et pas de ceux qui souffrent. Je suis allée de ce côté et je le déconseille. Je me suis juste contentée d'être méchante et ça ne m'a pas procuré particulièrement de plaisir au final. Au début, tu crois que t'as tout compris, qu'on te respecte. Moi, je me disais : « Ça y est, j'ai des amis, on m'aime enfin… » En fait, pas du tout. Ce n'est pas ça, l'amitié. Il y a quelque chose d'assez révélateur : aujourd'hui, dans les différentes situations où je me suis moquée des gens, je ne me rappelle plus du tout qui a fait quoi, qui était là et ce qu'on a dit. Je me souviens surtout de la connivence que j'avais l'impression d'avoir avec les autres quand on se moquait d'une tierce personne.

C'était une sensation
de
POUVOIR
et de
DOMINATION
assez MALSAINE.

Et finalement, c'était juste lié à de l'immaturité et à un manque de confiance en moi. On cherchait l'amour et l'approbation des autres au lieu d'être raccord avec nous-mêmes et nos valeurs, et finalement, les liens créés étaient assez superficiels. Bref, il est pas ouf, ce côté du miroir. Il y a une mauvaise ambiance et un parfum de regrets et de honte.

J'y ai pas mal réfléchi ces dernières années mais je pense qu'être méchant, c'est aussi plus facile que de se battre, ça demande moins de courage. On se réfugie derrière le groupe (c'est confortable de ne plus être seul) ou derrière cette carapace, un cœur de pierre que rien ne peut atteindre qu'on s'est créé, et on attaque les autres pour faire diversion au lieu d'affronter certaines choses qui nous concernent, en espérant que personne ne viendra regarder ce qui se passe chez nous. En gros, on détourne l'attention – la sienne et celle des autres plutôt que de faire face à ce qui nous dérange, je l'ai compris bien plus tard et c'est ce qui m'a permis de changer.

Mais j'ai gardé les mêmes réflexes. Encore aujourd'hui, quand j'ai besoin de me défendre j'y vais avec les mots, bien froids, bien choisis, bien sarcastiques. Une façon calme de remettre les gens à leur place.

Savoir demander pardon

« Savoir demander pardon »... on dirait le titre d'un album de Jean-Jacques Goldman ! Ce n'est pas un truc simple, demander pardon. Ça veut dire reconnaître qu'on a fait une erreur, et qu'on est désolé. Et le pire, c'est qu'à ce moment-là, je ne l'étais pas. Je m'étais excusée par principe, par obligation, mais je ne le pensais pas du tout. S'excuser, c'était un truc de *loser*, pour moi. Je ne mesurais vraiment pas les conséquences que mes actes pourraient avoir. Et je me disais qu'il n'y avait rien de dramatique : tout le monde se moque de tout le monde, c'est l'histoire de la vie. Ça m'est arrivé et je ne suis pas morte. Sauf que si, on peut en mourir.

Si « X » n'avait pas réagi, cette histoire aurait pu très mal se terminer. Il n'y pas de « petit harcèlement ». Je sais que c'est un sujet délicat mais j'avais envie de prendre mon courage à deux mains et de me livrer. En fait, je ne sais même si pas si c'est vraiment courageux, mais ça me semblait important de traiter le sujet en allant jusqu'au bout.

Et surtout, vous dire que si un jour vous avez envie de faire vivre à quelqu'un ce que vous avez vécu en pensant que ça pourrait vous aider... sachez que ça ne fonctionnera pas.

Je profite de ce petit chapitre confession pour demander pardon. Les excuses, c'est important. Il m'a fallu un an pour présenter mes excuses en le pensant sincèrement. Je ne sais pas trop si elle les a acceptées, si elle a pardonné.

Alors si jamais « X », à qui j'ai fait ça, me lit (même si, si j'étais elle, je me bloquerais à vie !) : sache que je suis profondément désolée.

Derrière le rideau

(dialogue avec moi-même)

— Alors à la base, on s'était dit : livre d'humour , bienveillance, sujet light. On n'est pas trop dedans, là, Lilia... Ça serait bien de terminer ce chapitre avec un ton plus humoristique pour alléger un peu tout ça.

— Euh, je ne sais pas. Je ne vois pas trop comment on peut alléger un sujet aussi lourd, en fait...

— Mais si, tu es humoriste, tu vas trouver !

Je peux terminer ce chapitre en vous disant :

« Si ça vous arrive, ne faites pas la même erreur que moi : ne devenez pas ce que vous détestez le plus. Mais plutôt, faites comme "X" : parlez-en à vos proches, vos amis, aux adultes autour de vous. »

(slogans des futures campagnes gouvernementales)[1].

1. Plus sérieusement, pour alerter sur une situation problématique que vous vivez ou à laquelle vous assistez, appelez le 3018 (cyberharcèlement) ou le 3020 (harcèlement scolaire).

5

BATTLE DE BLAGUES

Comprendre que le rire
peut aussi créer du lien

Avoir de l'humour, c'est cool. Mais savoir être dans l'autodérision, c'est génial, et avoir un pote qu'il l'est aussi, c'est encore mieux ! Moi qui ai plutôt connu la moquerie et l'humour agressif jusqu'ici, je découvre en cours de lycée ce qu'est l'humour bienveillant. *Breaking news* : ça permet de se faire de VRAIS potes.

Dialogue de roux !

Un jour, au lycée, on est en cours d'éducation civique et avec Léopold, un camarade de classe, on fait un exposé sur les présidents de la Ve République. À l'époque, j'aime beaucoup trop la politique pour mon âge, et j'aime surtout être à l'opposé des positions politiques de mes parents. Donc quand ils sont de gauche, je suis de droite et quand ils sont... en fait, ils sont toujours de gauche et moi, je ne sais pas : un jour, je regarde des documentaires sur Nicolas Sarkozy, le lendemain je soutiens le parti socialiste sans trop savoir ce que c'est... Bref, j'ai du mal à me positionner !

Léopold, avec qui je fais cet exposé, est roux... et franchement, ça devient un peu mon pote pour ça. Si moi, j'en prends pour mon grade parce que je suis malvoyante, lui, c'est parce qu'il est roux et petit... On se vanne sans pitié, mais d'égal à égal, et ça nous fait rire. On fait ça à chaque cours. Pour vous donner une idée, nos échanges ressemblent à peu près à ça :

- Léopold : Je suis peut-être roux mais toi, t'es albinos.
- Lilia : La roue tourne, mon Léopold... Si on fait un classement, c'est l'albinos en première position.
- Léopold : Dans le classement de l'être humain le moins respecté de la planète ? Tu sais ce qu'on fait aux albinos en Afrique ?
- Lilia : Justement, on est rares et tout ce qui est rare est cher ! Un albinos, ça vaut 100 K... Un roux ?
- Léopold : Si on te met sur leboncoin, tu pars à combien, tu penses ?
- Lilia : Je sais pas, on peut mettre « 70 000, à négocier »...

Et un jour, je sors : « En tout cas, toi, c'est sûr, même gratuit, tu pars pas ! » et là, il se tourne vers moi et me regarde bizarrement. Je me dis que j'ai fait la vanne de trop, qu'il est vexé et que ça ne le fait plus rire. Je fais quoi si c'est ça ? Alors il me dit, super naturellement : « Un jour, tu deviendras humoriste. »

Blague à part

Léopold ne croyait pas si bien dire... Et nos « ping-pong de vannes » m'ont appris ce qu'était véritablement l'humour. Il existe plein de façons différentes de provoquer le rire : la moquerie, le fait de tourner quelque chose en ridicule, mais aussi le storytelling, la blague... Quand j'étais plus jeune, j'ai plutôt connu le rire agressif : celui qu'on provoque à travers la moquerie, mais aussi celui que j'ai pratiqué moi-même comme moyen de me défendre ou d'attaquer. Quand on me faisait des commentaires déplacés, je cherchais une façon de faire mal tout en faisant rire les gens autour (vous l'aurez compris, j'ai toujours aimé avoir un public !). Quand on provoque le rire, on choisit de qui on rit, avec qui et comment, et dans ce cas de figure, on rit de l'autre en le lui faisant subir et en l'excluant.

Avec Léopold, rien à voir ; je découvre l'humour complice et bienveillant : le rire où l'on choisit de rire de soi et de l'autre ensemble, où on est sur un pied d'égalité. Le rire comme moyen de se faire du bien. Le rire pour dédramatiser et rassembler, et non pour humilier. Un peu comme une thérapie, finalement : un moyen de faire avec ce que l'on est et ce que l'on vit, tout en essayant de rendre les choses un peu plus fun ; un moyen de ne pas être dans le déni tout en reprenant le pouvoir.

Rire, c'est très vite devenu un besoin vital pour moi, une seconde peau. Et rire de moi, ça m'a aussi permis de rendre les choses un peu moins graves, à accepter certaines situations cocasses de ma vie. Ça m'a aidée à me détendre et à prendre les choses un peu plus à la légère. Mettre en mots, ça met aussi à distance : on arrête de tout prendre au premier degré ou personnellement. On apprend à se détacher des réflexions des autres.

Aujourd'hui, c'est presque devenu un réflexe, une habitude. Je n'aime pas les atmosphères trop sérieuses. J'ai besoin de faire une blague pour « renouveler l'air de la pièce », ça fait du bien. Quand j'allais chez ma psy, parfois je faisais des blagues, et le plus drôle, c'est qu'elle me regardait avec un visage impassible. Du coup, ça me faisait encore plus rire intérieurement. Elle devait se dire que j'étais un peu perchée, ou peut-être que, finalement, j'allais peut-être mieux que je n'en avais l'air !

Peut-on rire de tout ?

Depuis que je suis humoriste, c'est une question qu'on me pose souvent. Pour reprendre la phrase de Desprosges :

On peut RIRE DE TOUT mais pas avec TOUT LE MONDE.

Faire rire, c'est avoir le sens du timing : même si l'intention est bonne, si la personne en face n'est pas prête à recevoir la blague, ça fera sans doute rire les autres mais pas elle. Un exemple : si, pendant un dîner, je fais une blague sur le cancer et qu'autour de la table quelqu'un a perdu un proche de cette maladie, ce sera sans doute vécu comme un commentaire déplacé, pas une blague. Mais il peut aussi y avoir autour de cette table une personne en rémission qui elle, peut-être, voudra et saura en rire. Évidemment, à moins de bien connaître les gens avec qui on parle, ce sont des choses qu'on ne peut malheureusement pas prévoir. Car le rire dépend beaucoup des gens avec qui on est et des relations qu'on a les uns avec les autres. Franchement, on peut rire dans n'importe quel contexte et pour n'importe quelle raison. Quelques cas de figure :

RIRE AVEC SES POTES Les fous rires entre potes, ils peuvent partir de sujets qui, à la base, ne sont pas drôles du tout. On a tous connu ces soirées déprime entre potes où tout le monde arrive avec de mauvaises nouvelles : l'une s'est fait licencier, l'autre s'est fait quitter… dans tous les cas, il y a rupture de contrat ! Et pendant ces soirées, dans notre zone de confort amicale, on pleure, c'est clair, mais on en arrive à rire aussi de nos situations respectives. On se console en se disant qu'au moins, on est ensemble. Le rire nous rassemble.

RIRE AVEC SON CRUSH Vous êtes-vous déjà analysé en train de discuter avec votre crush ? Ne le faites pas, c'est terrible ! Je l'ai fait pour vous ; je me suis surprise plusieurs fois à rire beaucoup trop fort à des blagues, juste parce que la personne en face me donnait des papillons dans le ventre. Je me revois rire aux éclats alors qu'au fond, je ne trouvais pas ça drôle du tout et que si cette blague avait été faite par quelqu'un d'autre que mon crush, j'aurais regardé cette personne de haut en bas avec mépris. Attention, *red flag* ! Si ça vous arrive, sachez que quelques mois après, quand la magie du moment sera passée, vous ne trouverez plus votre crush très drôle. J'avais tellement envie de créer du lien que je l'ai forcé mais la complicité, ça vient progressivement, avec des gens qui, souvent, ont des valeurs proches des nôtres.

RIRE AVEC SON PUBLIC Quand je joue mon spectacle, je sais que j'ai en face de moi des gens qui sont là pour rire, alors je peux me permettre d'y aller sans « pincettes » ou sans « gants » (je m'imagine toujours parler à quelqu'un avec d'énormes gants ou des pinces, prendre les mots et les donner délicatement à la personne qui m'écoute). Je sais qu'il y a peu de chance que les gens se vexent quand ils m'écoutent parce que, à la base, ils sont un peu là pour ça, pour être bousculés par le rire, surpris aussi parfois, et entraînés par les autres. Tout ça, c'est aussi parce qu'on est dans un cadre qui le permet. Ce qui rejoint la question du consentement, finalement. (Oh, la féministe ! ne fermez pas ce livre, attendez la fin du paragraphe !) On trouve aussi une blague drôle quand on est dans un cadre sécurisant ; on fait une blague drôle quand on sait que l'autre est prêt à l'entendre et l'accueillir. Selon l'endroit où on se trouve, la blague n'aura pas la même résonance : si tu es en salle de réunion et que tu vannes ton collègue David, même si, à la base, c'est un mec complètement ouvert, il n'en rigolera peut-être pas si tu le fais devant tous les autres collègues et le boss. Selon la vanne, ça peut flirter avec l'humiliation ; personnellement, je trouve ça facile et je trouve aussi que c'est un moyen de briller un peu nul ! Ce que je veux dire par là, c'est que ce collègue David, qui est toujours OK pour qu'on le vanne, n'a peut-être pas donné l'autorisation pour qu'on le fasse devant tout le monde et c'est toute la différence. Si mon pote roux ne m'avait pas permis de le vanner, nos échanges auraient été beaucoup moins drôles et ça aurait même pu s'apparenter à du harcèlement si je l'avais fait régulièrement.

Je vous donne ici quelques tips pour briller en société et ne pas être complètement à côté de la plaque quand vous faites une blague à des gens que vous ne connaissez pas.

Les 5 étapes pour faire une bonne blague (selon moi)

Pour faire une bonne blague, il faut...

1 Un sujet

C'est sans doute l'élément le plus important, la base pour faire une bonne blague : le choix du sujet, savoir de quoi tu as envie de parler. Plus le sujet t'anime, plus il te passionne, plus tu es familier avec lui et plus tu seras sincère. La sincérité, c'est le secret d'une bonne blague. Si ton public sent que tu maîtrises ce que tu racontes, il est avec toi.

Exemple : Toi chez ta psy.

2 Un angle

C'est un peu la manière dont tu vas réfléchir, comment tu vas aborder le sujet que tu as choisi. Plus ton angle est original, plus ta blague sera drôle, et ton récit, inattendu.

Exemple : Toi qui t'imagines ce que ta psy pense de toi, en espérant être sa patiente préférée (car oui, les psys, c'est comme les parents : ils ont tous un patient préféré).

3 Une chute

Pas de bras, pas de chocolat, et pas de chute, pas de blague. La chute, c'est la fin de l'histoire. C'est le point final à tout ce que tu as raconté, c'est ce qui déclenche une émotion, un rire. C'est aussi ce que ton public attend avec impatience.

Exemple : Alors que le seul truc auquel elle pense (ta psy), c'est les 90 euros que tu vas lui donner à la fin de la séance (vous l'aurez compris, dans cette blague, il n'y a que mon pouvoir d'achat qui chute).

4 Il faut l'assumer

Tu peux avoir la blague la plus drôle, si tu ne l'assumes pas, tu ne feras pas rire. Inversement : tu peux avoir la blague la moins drôle du monde à l'écrit, si tu es un bon interprète et que tu la vis en la racontant, ça deviendra la blague la plus marrante.

Exemple : Si tu racontes que tu vas chez la psy alors que tu n'assumes pas d'y aller, ne le dis pas, ça ne marchera pas (à la place, tu peux toujours faire un sketch sur la piscine).

5 Accepter que la blague ne fasse pas rire !

En général, une blague n'est pas drôle au premier essai, ni au deuxième, ni au troisième. Si tu vois que la personne en face n'est pas réceptive, adapte ton récit. Une blague, ça évolue dans le temps. Petit à petit, à force de te l'approprier, tu verras apparaître des sourires sur le visage des gens, puis des petits rires, des éclats de rire et enfin, un tonnerre d'applaudissements.

Exemple : Si cette blague ne vous a pas fait rire, ce sera double échec, et pour vous et pour moi. Parce que vous aurez acheté ce livre et que moi, j'aurai payé ma psy.

Vous vous demandez sans doute pourquoi j'ai pris la peine de vous expliquer au premier degré comment faire une bonne blague. C'est qu'au fond, la vie, c'est un peu comme une blague : il faut savoir y mettre de l'intention ; trouver le bon angle aussi ; parfois c'est drôle, parfois ça l'est moins, parfois on est surpris par la chute, parfois on s'y attend.

La vie, c'est des rires et des silences. Des chutes, des rencontres avec des gens qui se lèveront pour une standing ovation et des gens qui se lèveront pour quitter ta vie.
La vie, c'est tout ça, et c'est nous qui l'écrivons ! Alors, au travail (et avec humour, SVP !).

6

LE HANDICAP MA MEILLEURE EXCUSE (OU PAS)

Comment tirer parti d'une situation qui n'est pas à son avantage

Je vous ai déjà dit que j'étais albinos et malvoyante. Ce que je ne vous ai pas encore raconté, c'est que pendant mes années lycée, on a aussi découvert que je faisais de l'endométriose et que j'avais la maladie de Crohn (vous savez, cette maladie qui donne d'horribles douleurs abdominales, des nausées et des brûlures d'estomac). Sacré package ! Généralement, les gens pensent que c'est beaucoup trop pour une seule femme et que je leur fais une blague. Mais je vous promets que c'est vrai ! Vous comprendrez donc mieux pourquoi pendant mes années ado-jeune adulte, j'ai essayé de trouver au moins quelques avantages à être comme je suis (car oui, il y en a peu, mais il y en a...). Je vous donne quelques exemples concrets.

Le meilleur pass VIP de mes potes

Ça vous est déjà arrivé d'aller dans un parc d'attractions et de vous dire : « Si seulement je pouvais faire tous les manèges sans me taper 1 h 40 de file d'attente » ?

Dans un groupe d'amis, on a chacun ses caractéristiques : la pote jamais à l'heure, le pote qui se plaint tout le temps, le pote hyper difficile avec la nourriture, la pote jamais dispo, le pote qui n'a pas le permis... bref, la liste est très, très longue. Mais la crème de la crème, c'est la pote qui a un pass VIP pour Disneyland ! Et cette pote-là, c'est moi (oui, je me la pète).

Je pense que mes amis m'apprécient pour plein de raisons différentes mais surtout parce que grâce à moi, ils peuvent aller à Disneyland faire toutes les attractions sans faire la queue. Imaginez : on arrive comme des stars par la sortie de chaque attraction et on passe devant tout le monde. Et je crois que c'est le meilleur cadeau que je puisse leur offrir pour les remercier de ce qu'ils font pour moi au quotidien : me rassurer, m'écouter me plaindre des heures et des heures du même problème, les remercier d'être mes « cannes blanches » quand j'ai besoin d'être guidée dans la rue ou dans la vie… J'ai un groupe d'amis assez équilibré et ouvert d'esprit, pour qui ma différence n'a jamais été un problème et avec qui je me sens très à l'aise. Et je trouve que c'est super important d'avoir cette zone de confort, de pouvoir s'entourer de ces personnes qui sont un peu « la famille que tu as choisie ». Ma gratitude passe aussi par le fait de les faire profiter de ce que je peux avec moi.

Des gens sont venus me voir en spectacle et m'ont dit par la suite qu'ils n'osaient pas se servir de leur carte d'invalidité parce qu'ils se sentaient gênés. D'une part, c'est un médecin qui l'a délivrée, donc il est légitime de l'utiliser. Et d'autre part, personne n'est dans votre corps ni dans votre situation. Le quotidien n'est déjà pas toujours évident et si cette carte existe, c'est qu'il y a une raison. Personne n'est à votre place : faites ce que vous voulez et utilisez-la quand vous le sentez (personnellement, je ne l'utilise pas tout le temps mais parfois, je pense que c'est utile).

On n'a à avoir honte ni de ce qu'on est ni de ce qu'on fait. Et c'est au moins un avantage dans notre situation.

Paye ton découvert

Un autre avantage d'être malvoyante, c'est que les autres ne voient pas ce que qu'on voit. Donc si on n'a PAS envie de voir un truc alors qu'on l'a vu, bah ça ne se voit pas. Je sais, dit comme ça, c'est un peu technique. Je vous donne un exemple concret : ma gestion chaotique de l'argent. Je ne sais pas vous, mais moi, avec le principe du découvert autorisé, je pense que c'est de l'argent en plus sur mon compte – ce qui n'est pas vrai. Du coup, c'est open bar : j'utilise ma carte jusqu'au montant maximal, et ensuite je suis surprise si j'ai un paiement refusé. En fait non, je ne suis pas surprise, je suis DÉÇUE. Déçue de ma banque. Comme si elle m'avait fait miroiter le fait que j'étais riche alors que je ne le suis pas et que d'un coup, elle me coupait les vivres.

Quand je suis à découvert – ce qui m'arrive donc quasiment tous les mois parce que je suis complètement irresponsable financièrement – et que mon conseiller bancaire m'appelle pour me le faire savoir, j'utilise mon joker. J'ai juste à dire « ah, désolée, j'avais pas vu » et bam, il supprime les frais de découvert. Bon, ça ne marche pas tous les mois, mais parfois j'ai de la chance. Il faut dire que mon banquier est VRAIMENT très gentil (peut-être qu'il lira ce livre donc c'est important qu'il sache tout le bien que je pense de lui). Mes excuses varient aussi de temps en temps, je fais preuve de créativité dans ma mauvaise foi. Je peux sortir un « oui, c'est vrai, je suis encore à découvert, mais désolée, c'est parce que je ne vois pas les prix ». Je sais très bien que parfois, mon banquier a envie de me répondre : « Mme Benchabane, arrêtez de vous foutre de ma gueule, vous êtes juste à découvert parce que vous ne savez pas gérer votre argent », mais il ne le fait pas parce qu'il est sûrement trop poli. Je le soupçonne aussi de savoir ce que je fais dans la vie et de ne pas me dire qu'il sait. Peut-être qu'il a peur du *bad buzz* ou qu'il a l'espoir qu'un jour, je sois tellement riche que je ne sois plus à découvert.

Bref, vous l'aurez compris, utiliser son handicap pour trouver des excuses quand on ne veut pas faire quelque chose ou qu'on veut faire comme si ça n'existait pas, c'est une idée de génie (c'est MON idée, c'est MOI le génie...). Et cette technique de génie fonctionne avec tout le monde, encore maintenant, sauf avec UNE personne que je ne peux pas et ne pourrai jamais duper... (si vous avez lu ne serait-ce que le premier chapitre de ce livre, vous aurez tout de suite deviné la fin de ma phrase)... sauf avec MAMAN !

Ma mère, cette héroïne

Évidemment, ma mère me connaît bien (trop bien). C'est normal, c'est elle qui m'a faite, dans tous les sens du terme. Aujourd'hui, je suis le produit brut de cette femme. Elle sait ce que je suis capable de faire (ou pas) puisque c'est elle qui m'a tout appris, donc impossible de lui mentir ou de la mener en bateau. C'est elle, le capitaine, les gars !

Pour être honnête, j'ai essayé plusieurs fois d'utiliser mon handicap comme une excuse. Je vous refais le dialogue :

- Maman : Lilia, passe l'aspirateur s'il te plaît !
- Lilia : Désolée, Maman, je peux pas, je vois pas.
- Maman : OK. Tu vois les joints au sol qui délimitent le carrelage ? Tu passes dans chaque carré et voilà, tu auras passé l'aspirateur.

Lilia : 0 – Maman : 1. Et depuis, effectivement, je passe l'aspirateur. Idem pour la vaisselle :

- Maman : Lilia, fais la vaisselle, s'il te plaît !
- Lilia : Désolée Maman, je peux pas, je vois pas.
- Maman : OK. Tu peux te laver les mains dans la cuisine ? Alors tu sais où est l'évier. Tu as juste à frotter les assiettes avec l'éponge et voilà, tu auras fait la vaisselle.

Je pourrai vous faire la même pour toutes les autres tâches domestiques.

En fait, je pense que c'est un peu grâce à elle qu'aujourd'hui je m'autorise à faire des choses que je ne suis pas censée faire. Parce qu'elle m'a tellement poussée que je me dis que tout est possible.

Ce que je trouve super beau (mais je ne lui dirai jamais, elle le découvrira en lisant le livre, si elle le lit... car on est très pudiques avec les sentiments), c'est que parfois, discrètement, je sais qu'elle repassait l'aspirateur après moi, ou qu'elle refaisait la vaisselle parce que ce n'était pas très bien fait, mais elle me faisait croire que j'avais bien fait les choses.

Et ça, les amis, c'est mieux que du MONTESSORI. C'est du ***MUMMY LIFESTYLE EDUCATION !***

Mon « package de malade »

L'avantage comme l'inconvénient d'avoir un handicap, c'est que personne n'est à notre place. Parfois, je dois avouer que ça m'arrange, parfois moins. Par contre, c'est comme pour la roulette russe. Parfois on gagne, parfois pas. Dans le cas de ma mère, je prends toujours la balle. Avec les autres, ça marche en général un peu mieux, je reste en vie.

Mais la plupart du temps, il faut le dire, la balance entre les avantages et les inconvénients est plutôt déséquilibrée. Ce n'est pas en utilisant son pass à Disney une fois tous les deux ans que ça va compenser tous les petits moments de galère qu'on vit au quotidien. Ce n'est pas de la faute des gens mais c'est bien aussi de se rendre compte qu'avoir une place de parking plus grande en ville, ça n'équilibrera jamais ce qu'on perd en ayant un handicap. En ce qui me concerne, j'ai droit à une place de parking plus grande mais je n'ai même pas le droit de passer le permis… Pas très utile dans ma situation ! Et c'est d'autant plus compliqué que quand notre handicap n'est pas visible, tout le monde a tendance à le minimiser (nous y compris). Je vous donne un exemple : je parle rarement à mes interlocuteurs de mon « package de malade », ou du moins pas d'un coup, parce que je veux les préserver de la violence de recevoir toutes ces infos en même temps. Franchement, vous vous imaginez, à ma première rencontre avec quelqu'un, lui dire que je suis albinos, que je ne vois pas, que j'ai des douleurs abdominales et de l'endométriose, que je risque d'avoir une fibrose pulmonaire passée 30 ans (pour l'instant, je suis encore au top de ma forme), et finir par un : « Alors, vous vous attendiez à ça ? »

Les petites maladies présentes dans mon package ne sont pas arrivées toutes en même temps ; chacune a pris son temps pour apparaître quand elle en avait envie. La maladie de Crohn a débarqué à la fin du lycée, à l'approche du bac pour ne pas rater son entrée (sans doute un élément déclencheur, paraît-il). À la fin du trimestre, j'ai tellement mal que je ne me présente plus en cours ; je ne peux plus bouger, je passe mes journées dans mon lit à me demander ce que j'ai fait pour mériter ça. Très vite, je reçois les cours de la meilleure élève de la classe ; elle me fait des débriefs, m'aide à réviser. Cette petite Clairette, on pourra presque dire qu'elle a eu son bac deux fois. Eh oui ! car, en partie grâce à elle, j'ai mon bac avec mention et mon corps profite des vacances pour se remettre doucement.

Première année de fac : c'est le renouveau, je me prends pour une adulte même si je suis encore bien loin du compte (dès qu'il m'arrive un truc, je pleure ma mère, voire mon père, mes sœurs et mes frères aussi). Bref, reboostée par cette nouvelle vie, j'ai la bonne idée de m'inscrire à la salle de sport. Et là, qui débarque dans ma vie sans frapper ? L'endométriose ! La reine des règles. Vous allez me dire : quel est le rapport avec la salle de sport ? Patience, j'y viens. Première séance : je me chauffe et je fais une série d'abdos avec des poids. Je rentre chez moi, contente de ce premier effort. Bon, soyons honnêtes : j'ai passé plus de temps à parler avec mes copines qu'à faire de l'exercice, mais dans ma tête, j'avais passé un cap. Je rentre à la maison, je vais dormir et dans la nuit, une douleur bien vive me réveille. Tellement vive qu'elle me provoque des hallucinations… Cette nuit-là, j'ai vraiment pensé que c'était la fin. C'est un sentiment très étrange de se préparer à mourir. Je l'avais presque accepté en me disant que ça n'irait jamais mieux. Malgré tout, je prends mon courage à deux mains, je me lève et je finis aux urgences, ma deuxième maison à cette époque (j'y allais tellement souvent que je connaissais tout le staff !). J'apprends que mes trois abdos en salle ont suffi pour qu'un kyste ovarien décide de « clac pop » dans mon appareil génital. Un kyste, c'est quoi ? Je ne suis pas médecin, je ne veux pas m'engager sur un terrain que je ne connais pas, donc pardon si je dis des bêtises, mais en gros, c'est une petite boule qui s'est formée autour de mon ovaire et qui a claqué sous la pression. (Apparemment mes ovaires n'aiment pas le sport ; tant mieux, moi non plus. C'est une bonne excuse pour arrêter.) Après de multiples analyses, on découvre que ce kyste est lié à de l'endométriose et que je n'en suis qu'au début de mes peines.

Même si parfois, jouer sur son handicap ou de sa maladie tient un peu de la mauvaise foi, je pense qu'il faut aussi savoir se déculpabiliser de ce genre de réaction. Dans mon cas, ça permet d'au moins trouver un avantage à ma situation et peut-être, parfois, de l'accepter un peu mieux. C'est aussi l'occasion de rappeler que personne ne vit ce qu'on vit (à part ta mère qui te dira toujours qu'elle sait mieux que toi).

Le mantra du jour : Tu es la seule personne qui sache ce qui est bon pour toi et personne d'autre n'est dans tes baskets pour pouvoir juger.

Comment éviter de faire un truc, en 3 étapes ?

Laisse parler la *drama queen* qui est en toi
(Attention ça requiert des qualités d'acteur !)

1. Dire que tu ne sais pas le faire.

2. Répéter que tu ne sais pas le faire avec un soupçon de *drama*. Exemple : « J'aimerais tellement savoir faire comme tout le monde... » (yeux humides).

3. Si on n'a vraiment pas le choix, le faire mais mal, avec de la fausse bonne volonté. Au bout de quelques minutes, quelqu'un prendra le relais et le fera à ta place.

Surtout ne me remercie pas, c'est cadeau !

7

TROP STYLÉE POUR ÊTRE HANDICAPÉE

Quand paraître autonome invisibilise le handicap

Grâce à ma mère, il faut le dire, je me suis attachée progressivement à être autonome et à faire en sorte que les gens ne me définissent pas par mon handicap. D'abord, on l'a vu, j'essaye de soigner mon apparence (j'espère que vous l'avez remarqué...) et je fais attention à la façon dont je m'habille. Et puis, parfois, je tente de rendre encore plus invisible quelque chose qui pourtant n'est pas anodin. Pendant toute ma scolarité, je faisais tout pour ne pas dénoter et ça a tellement bien marché qu'on m'a imposé des choses qui, avec le recul, ne me semblent pas vraiment normales.

Vous vous attendiez à quoi ?

Le look, pour moi, c'est important. Les couleurs, les matières. Ma tenue va en général avec mon *mood*, mon état d'esprit du moment. Ça va un peu à contre-courant de l'image qu'on se fait des malvoyants. Les gens sont souvent très surpris. Plusieurs fois, on m'a dit sur les réseaux sociaux : « T'es belle pour une handicapée. » Merci, mais je ne sais pas si c'est un compliment... Qui a décidé qu'on ne pouvait pas être charismatique avec une canne, un chien ou des loupes en guise de lunette ?

Autre chose qui perd un peu les gens : quand je marche, déterminée. Tout le monde a l'impression que je sais exactement où je vais (et que je vois où je vais, ce qui, pour le coup, n'est pas le cas). Avec tout ça, certains de mes profs se sont laissé prendre à mon petit manège et ont parfois « oublié » qu'il y avait quand même un petit travail à faire de leur côté.

Premier exemple, qui arrivait tout le temps : mes profs oubliaient régulièrement de me préparer des documents adaptés. Ce n'était pourtant pas bien compliqué, il suffisait de mettre le texte initial en gros caractères et de l'imprimer. Mais non, ils me demandaient d'aller moi-même au CDI en plein cours pour faire des photocopies agrandies du document sur lequel on allait travailler. Sur le moment, j'étais très contente ; ça me permettait de sécher une partie du cours en question. À la fin, ça devenait même presque une blague avec les profs : « Oups, Lilia, j'ai encore oublié ! Tu peux aller faire tes photocopies au CDI ? » Ça ne me choquait pas ; pour moi, c'était juste normal de me demander ça. J'étais même plutôt fière de gérer moi-même la situation. Mais avec le recul, je réalise à quel point c'était discriminant : non seulement ils ne prenaient pas en compte le fait qu'en tant que malvoyante, j'avais besoin d'outils spécifiques mais en plus, ils me demandaient de prendre en charge moi-même mon matériel, et en plein cours ! Ça voulait dire que potentiellement, ils commençaient tous sans moi et que je devais rattraper après coup ce qui avait été dit. Autant dire que je ne le faisais jamais...

Flemme

J'ai aussi l'exemple de cette autre prof qui, de temps en temps, pensait à me préparer des documents imprimés en plus gros. Par contre, histoire de bien mettre en avant que je n'étais pas comme les autres, elle m'imprimait les docs en A3 – vous savez, la taille des énormes posters – quand tous les autres élèves avaient du A4. Super pratique à manier, et pas du tout « eh ! regardez, elle a des documents différents » !

Cette prof aurait très bien pu m'imprimer les documents avec une police agrandie et en A4 pour moins dénoter mais clairement, elle avait la flemme de le faire. Pour moi, ce n'était pas volontairement méchant, mais ça reste quand même un manque de considération. En faisant ça, elle me faisait bien comprendre que je n'étais pas comme tout le monde.

Casser la routine

L'année du bac, je commence à prendre conscience des choses et à me rebeller. On est en cours de français et ça recommence : la prof distribue des documents et, comme d'habitude, quand c'est mon tour, on arrive à un « oups, je t'ai oubliée ». Elle me tend le document et me dit avec un petit sourire : « Je te laisse y aller, tu connais le chemin. » Eh bah non ! pas cette fois, ma belle. Je l'ai regardée et je lui ai dit : « Non. » Un petit silence gêné s'installe dans la salle de classe. Et c'est là que je sors ma meilleure punchline (pour l'époque, parce qu'aujourd'hui, on fait mieux !) : « Vous êtes fonctionnaire. C'est votre job de faire les photocopies, pas le mien. » Évidemment, à ce moment-là, la classe acclame mon moment de rébellion avec un grand « Oooooooooh ! » Et la prof, sans surprise, ça l'agace. Solutions de facilité : elle me demande de quitter le cours, ce que je fais avec grand plaisir. À partir de ce moment, les photocopies, c'est fini pour moi.

Formez, formez, formez !

Vous allez me dire que je suis relou. D'un côté, on a une prof qui pense à adapter le matériel mais qui met en avant mon handicap et de l'autre, des profs qui le zappent complètement et ça me retombe dessus. Et dans tous les cas, je ne suis pas contente (et j'ai raison). En réalité, ce n'est pas vraiment leur faute ; déjà, on sait tous que les profs sont au bout de leur vie, qu'ils ont un millier de choses à penser et qu'on leur en demande de plus en plus. C'est un système usant. Et surtout, personne ne les a formés à ces questions et c'est bien là le problème. Ou peut-être qu'ils l'ont été, mais pas assez. Pas assez pour prendre en compte notre ressenti à nous, les gens qui rêveraient d'être comme les autres !

La formation, c'est essentiel car une personne formée aura plus de compétences pour réagir comme il faut dans certaines situations. Et moi, présidente, je formerai les enseignants, les médecins et tous les métiers du service public... (On dirait que j'écris un programme de campagne mais en vrai, même si je pense ce que je dis, je ne ferai jamais de politique alors si un jour, un futur candidat lit ces lignes : faites le job, SVP, et n'oubliez pas de me mentionner pour que je puisse toucher les royalties quand même.)

Mais revenons à nos moutons : la formation. Un jour, j'allais aux toilettes au resto et un monsieur m'a demandé si j'avais besoin d'aide. Je l'ai regardé avec ce regard que j'ai souvent quand je suis dans le rejet de l'aide, ce regard qui dit : « J'ai l'air d'avoir besoin d'aide ? J'ai l'air handicapée ? J'ai l'air de ne pas oser demander ? » Contre toute attente, ça ne lui a pas fait peur et il m'a indiqué subtilement les toilettes avec les différents obstacles que j'allais rencontrer sans proposer de m'accompagner, un peu comme si j'allais faire un escape game. Il m'a laissée autonome, mais m'a donné les clés pour me débrouiller seule dans un endroit que je ne connaissais pas.

En sortant, je l'ai remercié et il m'a expliqué avoir travaillé avec des personnes handicapées ; il y avait beaucoup de soleil ce jour-là et il avait déduit que je devais moins bien voir les obstacles, ce qui était effectivement le cas. Pour une fois, c'était facile. Ça change la vie.

Aujourd'hui, le point positif, c'est que les choses bougent ! J'ai été sollicitée par la Communication interne d'une marque de prêt-à-porter « pro-mode » qui aimerait savoir comment s'adresser aux clientes malvoyantes. Cette marque est dans une démarche d'inclusion : elle souhaite que son personnel prenne en compte la multiplicité de la clientèle et le forme pour que toutes leurs clientes se sentent à l'aise. On peut franchement applaudir cette initiative.

S'affirmer

J'ai toujours trouvé ça un peu injuste que, en tant qu'handicapé, on n'ait pas le droit de ne pas « en avoir l'air », sinon la société ne nous reconnaît pas comme tel.

Ça m'est déjà arrivé que quelqu'un me dise que j'étais « trop stylée pour être handicapée ». Comme si ça n'était pas compatible ! J'aimerais que ma différence me définisse uniquement si j'en ai envie, mais on ne me laisse pas toujours le choix. Et pour ça, il faut aussi dire les choses, même si ce n'est pas facile. Avant, j'étais trop jeune pour faire ou dire quoi que ce soit, je ne comprenais pas que ce que je vivais, c'était une forme de discrimination. Aujourd'hui, je suis en mesure de dire : « Je choisis, je fais ce que je veux. »

UN CONSEIL Si vous êtes confronté à ce genre de situation, jouez-la comme Beckham. Restez stylé, mais ne laissez pas passer.

Tips aux profs : les 3 règles incontournables pour traiter vos élèves avec respect

1. Ne leur faites pas faire votre travail ou alors donnez-leur une partie de votre salaire.
2. Traitez tous vos élèves de la même façon, sauf les élèves malvoyants (donnez-leur de meilleures notes).
3. Ajoutez des bonus quand l'élève est plus stylé que le prof (normalement, tout le monde devrait avoir la moyenne).

8

MES PREMIERS DATES

Apprendre à s'aimer

Aussi bizarre que cela puisse paraître, je suis hyper timide. Vous allez me dire : « Arrête, Lilia, on a bien vu que tu avais un côté "grande gueule", ce n'est pas compatible. En plus, tu es humoriste ; tu racontes ta vie devant plein de gens. T'as un micro, on n'écoute et on ne regarde que toi... Tu ne peux pas être timide. » Si, si, je vous assure. Je suis tellement timide que quand je suis entourée de gens, je fais semblant d'être à l'aise par peur qu'on devine qu'au fond, j'ai juste envie de me faire toute petite et me cacher dans un trou de souris...
Parfois, je reçois carrément des notifications « rythme cardiaque élevé » sur ma montre connectée (sans blague, ça m'arrive souvent). Vous voyez un peu le niveau ? Pas évident lorsqu'on rencontre quelqu'un pour la première fois.

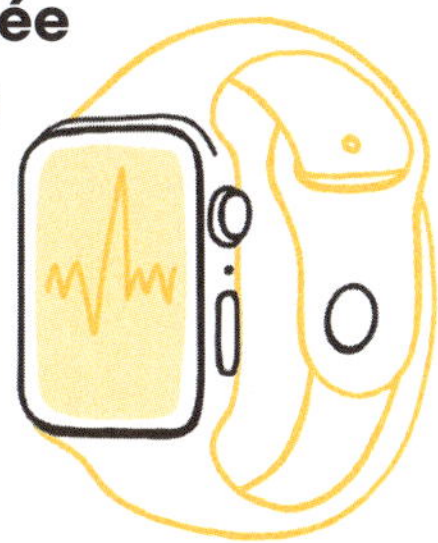

Batterie sociale : 1 %

Une fois, j'ai été invitée à un anniversaire à la dernière minute. C'était l'anniversaire d'un pote d'une pote... En soi, rien d'intimidant : j'étais dans un environnement ami et il n'y avait personne dont je n'avais jamais entendu parler, même si je ne les connaissais pas directement. Et pourtant, quand je suis arrivée, ma timidité a repris le dessus. Est-ce que je vais vers ce groupe ? Qu'est-ce que je leur dis ? Est-ce qu'ils vont voir que mes yeux bougent ou pas ? Et si oui, est-ce qu'on est obligés de parler du fait que je suis malvoyante ? J'avais plein de petites voix dans ma tête. Résultat des courses : je suis restée quinze minutes, j'ai déposé le cadeau, j'ai félicité le *birthday boy* et je suis partie. Une loooooser. J'étais déçue de moi-même de ne pas avoir été capable d'échanger avec les gens, de me présenter, de discuter, de rencontrer de nouvelles personnes. Mais ce qui est très drôle, c'est que juste après être sortie – que dis-je, après avoir fui cette soirée –, j'ai fait une petite pause dans la cage d'escalier histoire de respirer un peu (oui… on en est là !). Cinq minutes après moi, un mec sort ; on se connaît de vue. Il me salue, je le salue. Et là, il me dit : « Je suis resté trois minutes, je connais personne, j'ai besoin d'air. » GARS, ON A LE MÊME PROBLÈME, ON EST ENSEMBLE ! On s'est mis à parler sans stress et hyper naturellement. Je crois qu'on était contents de se croiser et de savoir qu'on vivait un peu la même chose. Comme quoi, on n'est jamais seul dans sa situation !

Finalement, j'ai échangé avec quelqu'un mais ça ne compte qu'à moitié parce qu'on était tous les deux en fuite de soirée. Mais ce n'est pas grave, on fera mieux la prochaine fois, n'est-ce pas ?

Je ne sais pas si ça vous parle, mais de mon côté, je me suis rendu compte que j'avais une batterie sociale toujours faible : en gros, voir des gens, dîner avec des amis, aller en soirée, rencontrer de nouvelles personnes, ça me demande beaucoup d'énergie et une préparation psychologique super importante en amont.

Il paraît qu'avec le temps et l'âge, on apprend à être à l'aise avec les gens. Moi, c'est l'inverse. Je me suis découverte timide assez tardivement et je suis plutôt de la team solitaire. J'adore mes amis et ma famille mais j'avoue que j'aime aussi bien ma solitude. Et je crois même que c'est ma solitude qui me permet d'aimer autant les gens qui m'entourent.

Je suis tellement TIMIDE que rien que le fait de m'imaginer PARLER À UN INCONNU sans un contexte spécifique, ÇA ME FAIT FLIPPER.

Je m'explique : je n'ai pas de soucis avec le fait d'interagir avec quelqu'un que je ne connais pas quand j'ai besoin d'un renseignement ou autre, parce que c'est son job de me répondre et je suis très à l'aise avec ça. Mais m'adresser à une personne que je ne connais pas parce que j'ai entendu parler d'elle ou pour sociabiliser en soirée, ou tout simplement parce que cette personne me plaît... JAMAIS ! Rien que d'y penser, j'ai le cœur qui bat beaucoup trop vite.

Je me challenge de temps en temps et je me dis : « Lilia, ce soir, défi : parler à au moins une personne ! » Ça aide, de le faire ; on est fier de soi, on a surmonté ses peurs et on est sorti de sa zone de confort, il paraît. Je dis « il paraît », parce que je ne l'ai pas encore fait. Vous l'avez compris dans ce livre, je suis un peu comme la pote célibataire depuis des années qui donne des conseils de couple. Je les donne mais je ne me les applique pas !

Je crois que si je suis comme ça, c'est en partie à cause du handicap. (Et c'est reparti ! La meilleure excuse... Elle recommence à mettre toute la faute sur son handicap !) Mais cette fois, promis, ce n'est pas une excuse, c'est vrai ! J'ai une théorie sur le sujet : quand je rencontre une nouvelle personne, donc quelqu'un qui ne me connaît pas et qui ne sait pas que je suis malvoyante et albinos, il y a toujours cette première rencontre et ce premier *eye contact* assez bizarre. La personne se dit : « OK, il y a un truc bizarre chez elle », mais elle ne sait pas trop quoi et elle n'ose pas demander. Et de mon côté, je sens qu'il y a une gêne et je me dis : « Allez, il faut que je me lance et que j'en parle. » Mais ce n'est pas si simple, on ne peut pas couper une conversation et dire : « Attends, au fait, je t'ai pas dit ! Je suis handicapée ! C'est bon, on peut reprendre. On en était où déjà ? » Si vous me permettez cette blague, c'est quand même le gros avantage d'être en fauteuil roulant... Il n'y a pas trop de suspense et on n'a pas besoin de poser la question. On sait direct que vous êtes handicapé en vous voyant arriver !

En règle générale, une fois que je brise le silence, tout va mieux. Les gens se disent : « OK, je comprends mieux » et moi, je me sens plus légère. En parler, c'est ce que j'appelle « faire mon coming out ». Quand je rencontre des gens pour la première fois (en soirée, en entretien d'embauche, en *date*), il y a toujours ce moment où je me demande : « Quand est-ce que j'en parle ? » C'est trop bizarre, ce sentiment de ne jamais savoir à quel moment il est temps d'avouer que t'as un petit problème, un truc dysfonctionnel. Quel que soit le sujet d'ailleurs (un secret qu'on garde pour soi, un élément caractéristique de notre identité qu'on n'assume pas complètement...), je trouve qu'en parler, quand on se sent assez en confiance, ça fait toujours du bien.

Faire son coming out, ça permet de relâcher la pression d'un côté comme de l'autre de ne plus avoir ce fameux secret qui nous gêne au milieu.

Se faire des amis, ce n'est pas forcément simple au début mais si je force un peu sur la batterie sociale, même si ça me demande beaucoup d'énergie, je ne le regrette pas. Quand on s'ouvre aux gens, les choses se passent toujours mieux. Pour les amours, par contre, c'est plus compliqué.

Live, love, lie

Quand j'ai commencé à « dater », là encore, je ne savais jamais quand c'était le bon timing pour en parler. Pour le faire, il fallait que je me sente assez à l'aise. Et quand la première question qu'on me posait, c'était : « À quel point tu vois/tu ne vois pas ? », ça me saoulait rapidement de répéter à chaque fois la même chose et je « nextais ». Je ne voulais pas que ce soit ça qui me définisse, et pendant longtemps, j'ai juste arrêté d'en parler, comme si ça n'existait pas.

Mais aujourd'hui, j'ai un gros problème : mes *dates* me trouvent facilement sur Internet. Donc petit conseil : si vous voulez *dater* sans que les gens sachent que vous êtes malvoyant, ne faites pas de stand-up et arrêtez de raconter votre vie sur scène.

Plus sérieusement, je me suis toujours demandé si le fait d'être comme je suis serait un frein pour une éventuelle relation. Jusqu'à aujourd'hui, moment où j'écris ce livre, je m'interroge. Je n'ai jamais osé poser la question aux gens avec qui j'ai pu « flirter » (le mot de boomer !). Comme si c'était un sujet tabou, comme si j'avais peur de la réponse.

J'avoue. J'ai peur de la réponse (même si j'ose espérer qu'aucun individu n'aura le culot de dire un truc du genre : « Ouais, désolé, ton handicap… pour moi, c'est *red flag*. On peut pas être ensemble. » Vous imaginez le moment gênant).

C'est terrible et en même temps, c'est légitime. Même si c'est discriminatoire, ça se comprend… Déjà, un *date* avec moi, ça demande un peu de logistique. Quand on arrive sur le lieu de rendez-vous, il faut qu'on se trouve… c'est un peu comme un jeu de cache-cache, surtout quand t'as jamais vu la personne avant. Et là, je ne vous parle même pas des photos trompeuses, qui facilitent encore moins les choses. Même les personnes qui ont 10 à chaque œil comprendront : parfois, entre Instagram et la réalité, ça n'est pas le même fuseau horaire. Tu ne sais pas ce qui s'est passé ! Alors je vous laisse imaginer dans mon cas… L'avantage, si la personne ne ressemble pas à ses photos, c'est que je ne risque pas de m'en rendre compte. C'est en général mes copines qui me le font remarquer : elles sont un peu mes yeux par procuration. Bref, une fois qu'on s'est trouvés, il y a la fameuse étape du coming out… et ça, c'est comme l'épreuve des poteaux de *Koh-Lanta* : ça passe ou ça tombe à l'eau ! Plouf, échec !

Alors quand la personne ne me plaît pas, je ne me prends même pas la tête avec le coming out : on se parle pendant trente minutes, on se demande nos couleurs préférées et on sait qu'on ne se reverra jamais ! Parfois aussi, je bloque à faire mon coming out. Je me dis qu'il n'y a rien de sexy dans le fait d'avoir des yeux comme les miens. Vous imaginez le côté romantique : il plonge son regard dans le mien… et mes yeux bougent tellement vite que s'il me regarde plus de dix secondes, il risque d'avoir des nausées ! Avant chaque *date*, je devrais préconiser de prendre un anti-vomitif, ça aiderait. Il n'y a rien de sexy non plus dans le fait de prendre le bras de quelqu'un, pas pour tenter un rapprochement, mais plutôt pour se faire guider parce qu'on ne voit pas ! Mes *dates*, c'est aussi mes cannes d'aveugle, comme mes copines.

En résumé, souvent, je ne dis rien. Pas de coming out. Et en fait, c'est un peu ça, le problème. C'est un sujet tabou et parfois, j'ai l'impression de ne pas avoir le droit de parler de moi à 100 %. C'est compliqué : non seulement tu ne choisis pas d'être ce que tu es mais en plus, on ne te donne pas de mode d'emploi pour t'en sortir. D'ailleurs, je n'ai jamais su trouver la phrase exacte pour en parler : est-ce que je dois être directe et dire « Je suis handicapée » ou alors est-ce que je l'ajoute plus tard, de façon plus subtile ? C'est typiquement le genre de truc qu'on ne nous apprend pas.

Self love

Avec le temps, j'ai compris que finalement, pour être bien avec les autres, il faut déjà s'aimer soi-même et assumer qui on est (je vous rassure, c'est plus facile à dire qu'à faire). Moi, je n'arrive pas à le faire tous les jours, mais en même temps, qui s'aime vingt-quatre heures sur vingt-quatre ? On a tous des phases comme ça où on s'aime, on se trouve beau ou belle, à l'aise dans notre corps, à l'aise avec ce qu'on est… et des jours où c'est moins le cas : on se regarde dans le miroir et il n'y a rien qui va.

TUTO

Comment on fait pour être aimé quand l'on doute de soi en permanence ?

Pour apprendre à m'aimer telle que je suis, je me suis créé un petit mode d'emploi que je suis ravie de partager avec vous pour répondre à cette question à un million de dollars.

1 D'abord, on apprend à s'aimer

Tellement facile à dire, mais super compliqué à faire. En tant qu'être humain, il y a tellement de moments où on peut s'aimer comme se détester… Et c'est normal de passer par l'un ou par l'autre selon les périodes. De toute façon, à un moment, on est un peu contraint de s'aimer parce que la société ne nous laisse pas le choix. Mais elle ne rend pas le processus simple.
C'est un peu contradictoire : les réseaux, notamment, n'ont jamais autant prôné le « sois fier d'être comme tu es » et en même temps, il n'y a jamais eu autant de *trends* pour influencer les gens sur leurs modes de vie. Comment on trouve son équilibre dans tout ça ? En essayant de faire le tri entre ce qu'on veut garder parce que ça nous ressemble et ce qui est de l'ordre de l'injonction sociale. Encore une fois, plus facile à dire qu'à faire mais on peut y arriver !

2 **On brise la glace**

On n'en fait pas un sujet tabou. On est à l'aise avec ce qu'on est. Et même si on ne l'est pas trop, on fait semblant de l'être. Si la personne qu'on a en face de nous est bienveillante, elle n'aura pas de souci avec ce sujet/nos complexes.

3 **On n'en fait pas tout un drame**

On n'attire personne quand on s'apitoie sur son sort. Si le sujet est lourd pour vous, il sera lourd pour la personne en face de vous. Personnellement, l'autodérision et les blagues, ça m'aide beaucoup. Ça me permet de dédramatiser la situation.

4 **On doit être convaincu d'être digne d'être aimé**

Ça, je vous avoue que c'est la clé. Si vous ne pensez pas mériter l'amour que vous recherchez, vous ne le trouverez jamais et ce sera tant pis pour vous, tant pis pour nous.

LEÇON DU JOUR L'amour de soi, c'est comme un oignon ; il faut se débarrasser de quelques couches avant d'arriver au cœur.

9

L'ÉPREUVE DU FEU

LIRE QUAND ON EST MALVOYANTE

Mes astuces d'adaptation tout-terrain

Ça vous est déjà arrivé de faire semblant de faire ou de savoir quelque chose pour avoir l'air « comme tout le monde » ? Moi, ça m'arrive régulièrement. En général, on fait tous un peu ça en société pour avoir l'air un peu moins bête et prouver qu'on est suffisamment cultivé, politisé, intelligent ou autre. Moi, je fais semblant de lire, même si rien autour de moi ne me le permet vraiment. Autant vous dire qu'entre les panneaux de signalisation, les affiches ou les étiquettes dans les magasins, je me suis parfois retrouvée dans des situations assez inconfortables pour ne pas dire « iconiques » parce que je voulais « passer incognito » ou alors ne pas demander de l'aide.

Demandez le menu !

Quand je vais au resto, je n'arrive pas à lire les plats sur le menu, je ne vois pas non plus les prix (mais ça, ça n'est pas très grave quand ce n'est pas moi qui paye). Embêtant tout de même pour faire son choix... Du coup, j'ai développé des astuces bien rodées pour réussir à commander sans avoir besoin de personne. Astuce numéro 1 : je me débrouille pour prendre une photo discrètement et pour agrandir le menu avec mon téléphone. Astuce numéro 2 : j'invente un plat qui n'existe peut-être pas sur la carte (après, il y a quand même de forte chance de trouver quelque part un burger ou des pâtes). Astuce numéro 3, si je ne veux VRAIMENT pas que les personnes avec qui je suis sachent que je ne vois pas : j'essaie de savoir dans quel resto on va aller avant le repas pour checker la carte en ligne. Heureusement, depuis quelques années et grâce au Covid (c'est très rare qu'il y ait des aspects positifs à ce virus donc il faut les souligner), la mise en place des QR code m'a sauvé la vie car maintenant, les cartes sont quasi toutes en ligne.

Vous allez me dire : « Est-ce que ce n'est pas plus simple de demander à quelqu'un de te lire la carte ? » Oui, ça m'arrive avec les gens avec qui je suis très à l'aise. Mais souvent, je ne veux pas déranger. Accepter ce que l'on est, ça ne veut pas dire le crier tout le temps et sur tous les toits. Ça veut dire être OK avec la plupart du temps et, parfois, en parler quand on en a besoin, mais rester autonome le plus souvent. (Petite parenthèse ici : je sais que le fait d'être malvoyante, ce n'est pas la fin du monde. Se plaindre de ne pas pouvoir lire la carte au resto, c'est déjà avoir la chance de pouvoir aller au resto et je sais que ce n'est pas donné à tout le monde. Cela dit, les astuces fonctionnent vraiment. C'est un peu une façon de lire sans voir. Je me félicite !)

Je reconnais aussi que parfois,
JE GALÈRE.
Mais souvent,
ÇA ME FAIT RIRE
et il arrive aussi que
ÇA ME FASSE PLEURER !

Je me souviens d'un mariage sur la plage auquel j'ai été invitée : coucher de soleil, dîner en plein air, le truc le plus romantique qui soit. Au moment de nous servir le dîner, il faisait déjà noir, et jusqu'à aujourd'hui, je suis incapable de vous dire ce que j'ai mangé ce soir-là. Je voyais à peine mes couverts et l'assiette sur la table ; je ne savais pas du tout qu'il y avait dans cette dernière. Ça me fait quand même rire. Je ne sais pas pourquoi, ça ne m'est même pas venu à l'esprit de demander ce qu'il y avait au menu. Heureusement, je n'ai pas d'allergie alimentaire sinon je serais sûrement déjà morte. On m'a parlé du resto *Dans le noir* où on mange dans une pièce sans aucune lumière. Eh bien moi, je n'ai pas besoin de payer pour vivre ça : c'est ma vie !

Loto au Casino

Quand je fais les courses, c'est un peu le même problème : je ne vois pas les prix écrits sur les étiquettes. Là encore, j'ai une astuce : je fais des pronostics avant d'arriver à la caisse. Je me dis : « OK, ça, ça va me coûter tant… Au total, je devrais en avoir pour tant. » Quand je passe en caisse, c'est un peu la surprise. Et j'avoue que parfois elle est mauvaise ! L'avantage de tout ça, c'est que contrairement à la plupart des gens, il y a un petit côté suspense quand je vais au supermarché. Je ne m'ennuie pas, je me challenge, et parfois je fais même semblant de relire le ticket de caisse ; ça fait adulte. Sortir et relire son ticket « pour être sûre que les promos ont bien été appliquées ». Indépendamment de ma volonté, je ne compte plus les fois où, au rayon fruits et légumes, j'ai voulu peser des courgettes et j'ai sans doute cliqué sur la case « concombre ». Un de mes petits problèmes de vie…

La tête dans les nuages

Les magazines, c'est un autre exemple parmi des centaines où j'ai fait semblant de voir pour ne pas dénoter. Les gens à la plage ou autour d'une piscine avec un livre ou un magazine, ça m'a toujours fascinée. En fait, mon rêve, ce serait de pouvoir lire un magazine genre *Elle*, allongée sur un transat... Je vais vous avouer quelque chose : ça m'est déjà arrivé, pendant l'été, de faire semblant de lire au bord de l'eau alors que dans les faits je ne voyais pas grand-chose. Le titre et les images, ça passait, mais tout le reste, c'était impossible pour moi de le déchiffrer. En même temps, je n'avais pas d'autre choix que de faire semblant : qui arrive à la plage avec sa loupe ?

Mes indispensables à la plage

On n'y pense pas quand on n'est pas concerné mais les publications en gros caractères, même si elles ont le mérite d'exister, sont profondément injustes. D'abord, c'est plus cher qu'un livre classique parce qu'évidemment, ça nécessite plus de papier et qu'en plus, c'est une commande spécifique pour avoir une impression sur mesure. Un livre pour les mordus de la vue comme moi, c'est 80 euros. Le prix d'un billet aller-retour pour un petit week-end entre potes. J'aime lire, mais j'ai des priorités. Vous imaginez ? C'est plus rentable pour moi de l'acheter en version classique, de partir en week-end et de laisser un de mes potes me le lire sur le trajet ! En plus, esthétiquement, les livres en gros caractères ne sont vraiment pas très beaux. J'en ai eu quelques-uns à l'école : ils avaient des grosses spirales et aucun effort n'était fait sur le graphisme et la mise en pages. J'imagine que ça ne doit pas être assez rentable mais personnellement, j'adorerais que quelqu'un crée un joli magazine en gros caractères pour que je puisse enfin lire partout où j'en ai envie. Souvent, parce qu'on est malvoyant, personne ne se dit : « Cette personne aimerait avoir un joli objet entre les mains. » Pour moi, ça devrait être accessible à tous, c'est super important.

Pendant longtemps j'ai acheté des livres papier pour le kif et le côté *show-off*. Je décorais ma table basse avec mais j'ai arrêté. Flemme de me balader avec une loupe ou un pote pour la lecture et en plus, je n'ai plus de place sur ma table basse ! Aujourd'hui, heureusement, avec la révolution de l'iPad, je peux tout lire. J'ai aussi découvert que sur Netflix, on pouvait agrandir les sous-titres et choisir la couleur. Ça m'a changé la vie : je peux enfin regarder des films en VO sous-titrée. Par contre, les sous-titres prennent la moitié de l'écran.

L'enfer est pavé de bonnes intentions

Parfois aussi, les gens essayent de m'aider... mais c'est un *fail*. Je me souviens de ma première chronique radio sur France Inter : j'étais super stressée, mes mains tremblaient, ma voix aussi. Pour me préparer au maximum, je m'étais personnalisé une version imprimée en gros, avec plein de notes en couleur dessus pour m'aider à me repérer ; j'avais, en parallèle, envoyé ma chronique au rédac chef de l'émission. Le jour J, j'arrive et je vois qu'il m'a gentiment imprimé et posé sur le bureau une version toute propre pour remplacer la mienne. Cette version est en gros caractères... mais sans mes annotations de couleur. Je suis perdue ! C'était adorable de sa part mais ça ne m'a pas du tout aidée et cette première chronique a été un fiasco... Ce jour-là, j'en ai pleuré... Pas de colère, parce que ce n'est la faute de personne. Plutôt de frustration, de me dire que si j'étais comme tout le monde, ça ne m'arriverait pas. C'est frustrant de travailler des heures et des heures et de tout gâcher parce qu'on n'est pas capable de lire ce qu'on a préparé. Parfois, ça m'agace de savoir que j'ai sans doute les capacités, le potentiel de faire quelque chose mais que mes yeux me ralentissent.

Toutes ces anecdotes sont représentatives de mes dilemmes au quotidien : j'aimerais pouvoir faire plus, je m'adapte tant bien que mal, j'essaye de me fondre dans la masse. Parfois, j'y arrive, parfois moins. Faire semblant, ce n'est pas forcément le moyen le plus efficace et ça ne résout pas le problème, mais ça me faisait me sentir moins différente dans cet environnement clairement pas adapté. Aujourd'hui, j'ai tendance à plus exprimer les choses et à essayer d'expliquer ce qui se passe pour trouver des solutions, mais c'est encore un effort et certains jours, je n'ai pas l'énergie pour le faire. Cela étant, ça reste tout de même la meilleure et la plus efficace des solutions : si quelque chose permet de vous faciliter la vie, parlez-en. Le problème sera résolu beaucoup plus vite et les gens autour seront conscients de ce qu'ils doivent faire.

CONCLUSION Plaignez-vous si nécessaire, apitoyez-vous sur votre sort de temps en temps et ça ira beaucoup plus vite.

TUTO

Les tips pour demander de l'aide sans en avoir l'air

1. Au restaurant, quand on ne voit pas la carte : demander au serveur ce qu'il conseille ou quel est son plat préféré.

2. Sur la route, quand on cherche son chemin : bousculer quelqu'un sans faire exprès et engager la conversation pour obtenir des indices sur la direction l'air de rien et sans raconter toute sa vie (éviter les aveugles, ils ne vous seront d'aucune aide).

3. Au travail, quand on nous donne une mission qu'on ne sait/peut pas accomplir : faire croire à son ou sa collègue sympa que son ordinateur ne marche pas pour qu'il ou elle le fasse à notre place.

4. Dans sa vie perso, quand on veut se faire lire un livre/un magazine/une info : faire semblant d'avoir mal au crâne.

5. Pour éviter toutes ces situations, on peut aussi dire la vérité tout simplement pour gagner du temps.

10

LILIA SPIELBERG

Comment le fait de ne pas voir développe ma créativité

Est-ce que ça vous est déjà arrivé d'aller acheter du pain un dimanche matin et de vous battre avec quelqu'un sur le chemin ? Déjà, est-ce que vous vous êtes déjà battu tout court ? Moi, oui. Enfin, je ne me suis pas VRAIMENT fait agresser mais ça n'est pas passé loin. Je suis sûre que votre quotidien n'est pas aussi mouvementé que le mien. Je vous raconte.

Menace sur la ville

Un jour, je vais à la boulangerie. Le trajet est le même que d'habitude. Je marche droit vers mon objectif, déterminée. Soudain, au loin, j'aperçois une ombre plutôt imposante et j'ai l'impression qu'elle se dirige vers moi. Je presse le pas, mon cœur commence à battre et l'ombre se rapproche. Elle devient plus grande, plus massive… Il n'y a personne autour. J'ai le sentiment qu'elle va m'agresser. À ce stade, mon cœur s'est emballé et mon cerveau tourne vite. J'ai deux options : soit je l'ignore et je passe à côté comme si de rien n'était, en espérant qu'elle ne me parle pas, mais en prenant le risque de mourir, soit je prends mon courage à deux mains et je l'affronte. « Lilia, t'es pas une victime, tu y vas. » OK, ma décision est prise, je l'affronte. Je me redresse, je m'approche, déterminée, et c'est moi qui l'interpelle : « Qu'est-ce que t'as à me regarder comme ça ? Tu veux te battre ? » Pas de réponse. Je prends la confiance : « T'es sérieux ? Tu croyais vraiment que t'allais me faire peur ? » Et là, je le bouscule en mode invincible. Bizarrement, la sensation n'est pas du tout celle à laquelle je m'attendais. L'ombre ne se révèle pas super musclée, elle est plutôt touffue et broussailleuse. Et ce n'est pas une barbe…

C'est là que je réalise... J'ai voulu me battre avec un buisson ! À ce moment-là, je vous avoue que je suis partagée entre deux sentiments : à la fois rassurée par le fait qu'il n'y ait eu aucun danger et extrêmement perturbée... Qui confond un être humain avec un buisson ?

le buisson que j'ai pris pour un psychopathe

Pas de routine pour moi

Vous l'aurez compris avec cette anecdote : quand je marche, j'imagine des trucs. Mon trajet est différent selon que c'est le jour ou la nuit parce que je ne vois pas les mêmes choses. Et même en pleine journée, ce n'est pas parce que je passe par le même chemin que mon trajet va être le même : la lumière change, donc ma vision des choses aussi. Parfois en journée, il va y avoir tellement de soleil que je vais être éblouie et je verrai mieux ce trajet de nuit. Et parfois, de nuit, je ne vais rien voir du tout, et là, je vais faire jouer mes autres sens de manière bien plus importante.

J'ai des contacts dans le show-business mais pas suffisamment pour contrôler la météo en fonction des trajets que j'emprunte, et cette dernière joue aussi dans ma perception du monde qui m'entoure. Le moment vraiment technique pour moi, c'est quand il fait nuit et qu'il pleut, parce que le sol brille et reflète la lumière des phares et des lampadaires. Ça devient totalement chaotique ; je ne distingue plus la route du trottoir, et dans ces moments-là, pour moi, c'est *Fort Boyard*.

Le truc bien dans cette situation, c'est que je ne vois tellement pas que chaque trajet est unique, je ne connais pas la routine. Et je ne m'ennuie jamais, je m'auto-divertis en imaginant plein d'aventures : une fois je suis dans un film d'espions, une autre fois j'ai devant moi un parcours d'obstacles… C'est souvent la folie dans ma tête et tout ça est propice à une vie beaucoup plus fun et créative. Je vous mets au défi d'avoir des trajets quotidiens aussi animés que les miens.

Je sais qu'en me lisant vous m'enviez et vous vous dites : « J'aimerais trop être à sa place. » Pour être à ma place, rien de plus simple : crevez-vous un œil… Mais je déconseille, *sorry*. Chacun ses avantages et ses inconvénients. Vous allez devoir vous contenter du plan d'urbanisme hyper ennuyeux de votre ville, et c'est le seul truc que vous serez à même de voir – avec les travaux lancés par la mairie d'une certaine capitale (ouh là là ! ça prend un tournant politique, ce livre).

Les 1 001 vies de Lilia B.

J'ai lu une étude dernièrement qui parlait de la créativité. Les recherches montraient qu'un souvenir imaginé, s'il provoquait sur nous une émotion forte, pouvait avoir autant d'impact sur le cerveau qu'un souvenir réel. En bref, le ressenti peut être tellement vif qu'il brouille les pistes et que le cerveau ne sait pas vraiment distinguer si la situation a été réellement vécue ou pas. Je trouve ça fou. Je crois que ça nous est tous arrivé d'inventer des scénarios avant de dormir ou sous la douche : se marier avec son crush ultime, *glow up* et devenir une personne super importante pour faire rager les haters… parfois, j'imagine que je suis la P-DG d'une filiale cotée en Bourse et que j'embauche tous les gens que je déteste juste pour être leur boss et décider de leur sort. Je me suis déjà imaginé des dizaines de fois gagner un oscar (meilleure actrice pour un rôle prestigieux dans un film d'auteur ; vous savez ? ce genre de film que tout le monde a vu et qui fait l'unanimité, ce film qui a mis une claque au cinéma). *Dixit* la meuf qui n'a même pas le premier rôle dans sa propre vie.

Pour nos cerveaux, on a donc déjà vécu tout ça, un peu comme si on avait une double vie. C'est génial ! Selon les scénarios, évidemment. Grâce à mon imagination débordante, je me suis retrouvée dans des situations un peu folles où je me suis dit : « Ça y est, c'est la fin, je vais mourir… »

STORY TIME Il y a deux ans, je suis allée en Afrique du Sud. Ce n'est plus un secret pour personne que je suis albinos ; le problème, c'est que dans certaines parties d'Afrique (sans vouloir rentrer dans les clichés ni offenser qui que ce soit), l'albinos, c'est un peu la crème de la crème. On est plus recherchés que des diamants car selon certaines croyances, l'albinos serait un porte-bonheur. En soi, ça pourrait être une bonne nouvelle si cela n'impliquait pas des enlèvements et des meurtres pour récupérer certaines parties de nos corps… Vous allez me dire : « Lilia, sachant ça, qu'est-ce que tu es partie faire en Afrique du Sud ? » Je me retourne la question.

J'atterris à l'aéroport et je prends un taxi pour rejoindre ma famille déjà sur place, à quarante-cinq minutes de là. Dès la sortie de l'aéroport, je sens mon cœur qui se met à palpiter et mon cerveau s'emballe. Surtout, ne pas se faire remarquer. Je mets mes lunettes de soleil pour cacher mes yeux rouges (il fait nuit noire, mais tant pis). Je trouve mon taxi et on part. Je n'ai pas de carte SIM ni d'Internet. Au bout de trois minutes de trajet, je commence à m'imaginer que mon chauffeur va me kidnapper et je réalise que s'il y a un problème, je suis morte. Je me fais dans ma tête tous les scénarios possibles et imaginables au fur et à mesure qu'on avance sur le trajet. On passe par des routes, des petits villages sans électricité. Il fait noir, je suis incapable de connaître le chemin et de savoir si on se dirige dans la bonne direction. Je commence à réfléchir à un plan d'évasion : ouvrir la porte, sauter de la voiture en se roulant en boule, crier pour trouver de l'aide… Je me prends pour James Bond… Le problème, c'est que je suis fragile comme de la porcelaine : si je tombe, je me casse en mille morceaux. Et même si j'arrive à m'échapper, je n'ai aucun sens de l'orientation et je ne connais pas la route donc je ne vais pas aller loin. Bref, des scénarios comme celui-là, j'en ai imaginé une cinquantaine. Quarante-cinq minutes de trajet, c'est très, très long. Je suis plutôt du genre stressée mais je vous l'ai dit, je suis une actrice future détentrice d'un oscar alors j'essaie un peu de cacher mes émotions et d'avoir l'air à l'aise. Je ne sais pas trop à quel point j'ai fait illusion mais mon corps et mon cerveau se souviennent très bien de cette tentative de kidnapping imaginaire.

Une vie unique

Bien évidemment, si j'écris ce livre, c'est qu'à l'heure où je vous parle, je suis toujours en vie. Le chauffeur de taxi faisait juste son travail et à aucun moment il n'a remarqué mon albinisme ni tenté de me kidnapper. Ce scénario, je me le suis fait toute seule en mettant ma différence au centre de l'aventure alors que personne ne l'avait remarquée : j'ai fait une fixette dessus en pensant que tout le monde la voyait comme un énorme bouton au milieu de la figure, quand finalement je faisais simplement un trajet tout à fait normal en taxi. Je me suis créé une espèce d'univers dans lequel il se passait plein de choses et où j'ai torturé mon corps et mon esprit pour pas grand-chose. Et en même temps, avec le recul, c'était tellement drôle ! Tous ces univers, tous ces personnages dans ma tête, je les dois à ma « vision » unique du monde.

Je me suis demandé si j'avais envie de voir comme les autres, et dans ces moments, non, je ne pense pas. J'aime bien ce petit monde qui m'entoure où je vois les choses sans les voir – où je vois ce que je veux, ce que je peux. Je me suis créé une approche du monde à moi, avec ses aventures, ses dangers, ses moments de gloire et ses fous rires, et je pense que je ne suis pas prête à juste voir le monde tel qu'il est.

On est tous conditionnés par ce qui nous entoure et ce que l'on perçoit de la réalité. Notre vision du monde nous est propre et c'est en cela qu'elle est riche. J'ai réussi à puiser une force créative dans ma différence et je suis sincèrement convaincue que chacun est capable de modeler sa vie avec un angle d'approche qui lui est propre pour en faire quelque chose de positif.

MON CONSEIL Ne perdez pas votre temps à vous battre contre des buissons, sauf si cela permet de développer chez vous des super-pouvoirs.

TUTO

Comment faire de tes *drama* une belle histoire ?

J'ai remarqué que les histoires parfaites n'intéressent pas : si votre collègue vous raconte son mariage de rêve où tout était nickel, au bout de cinq minutes, vous risquez de vous ennuyer à mourir. Alors que si elle vous dit que sa mère et sa belle-mère se sont battues, là, vous ne voudrez pas rater un seul détail de cette histoire. Finalement, peut-être que son mariage a été gâché, mais elle aura une histoire à raconter pour les dix prochaines années.

1. On le sait, c'est souvent à partir des épisodes les plus galères qu'on réussit à écrire les meilleures histoires. Et ça a quelques avantages : on peut se la péter et être le centre de l'attention générale.
2. On ne s'ennuie jamais avec soi-même.
3. On peut même écrire un livre (sur un malentendu, ça peut passer). La preuve pour moi : j'étais persuadée que je n'avais pas grand-chose à raconter et finalement, j'ai écrit 192 pages !

Bon, n'allez quand même pas gâcher tous les mariages auxquels vous serez invité pour avoir un truc à raconter...

11

MADAME RÉCLAMATION

Se faire entendre
face aux discriminations

Dans ma famille, on m'appelle « Madame Réclamation » parce que je suis toujours la première à pousser des coups de gueule contre toute forme d'injustice, que j'en sois la victime ou le témoin. D'ailleurs, rien qu'à l'idée de rédiger ce chapitre, ça fait remonter plein d'histoires et je suis vénère (en même temps, je suis algérienne ; je suis un peu née avec ça dans le sang). Je ne saurais pas vous dire si c'est une bonne ou une mauvaise situation. Ce que je sais, c'est que durant mes années à la fac, ça m'aura bien servi.

SOS Doyen

Pour la petite histoire, le doyen de ma fac me connaît TRÈS bien. Pas parce que nous avons eu de longs échanges constructifs. Plutôt parce qu'à l'époque je passais mon temps à lui envoyer des mails pour me plaindre de ce qui n'allait pas. Et il y avait toujours des choses qui n'allaient pas... En fait, c'était plus un monologue qu'un dialogue.

La première fois que je me suis plainte, c'était en première année. On avait des cours d'histoire de la pensée et le but de cette matière était de travailler sur la pensée d'auteurs célèbres à travers la grande histoire de la philosophie. Moi, j'avais bien géré : j'avais récupéré les notes de l'année d'avant par des potes, donc pas besoin d'aller en cours. Le jour de l'examen, le sujet tombe : « Choisissez un auteur et développez ses idées. » J'avais fait une copie de qualité sur Aristote et, en toute objectivité, ça méritait facilement un 17/20. Le problème, c'est qu'Aristote avait été étudié l'année d'avant, mais pas l'année où je passais mon examen. En revanche, rien ne disait dans l'énoncé que l'auteur choisi devait absolument avoir été étudié en cours. Résultat : j'ai eu 0. Je me demande même si on a pris le temps de lire ma copie. Révoltée, je fais un mail au doyen :

< 2

De : Lilia Benchabane 10:24
À : Doyen

Cher Doyen,

Je me permets de vous contacter pour vous faire part de mon mécontentement. Comme vous le savez sans doute, je suis actuellement en première année de licence Administration économique et social. Le mois dernier ont eu lieu les examens de fin de semestre, examens pour lesquels je me suis plus que préparée.

Les résultats de ces examens ont été communiqués hier et, à ma grande surprise, j'ai obtenu un 0/20 dans la matière Histoire de la philosophie économique.

D'après mes informations, cela est dû au fait que je me serais servi des cours de l'année dernière, donnés par le même enseignant pour préparer cet examen.

Entre cette année et l'année dernière, il ne me semble pas que l'histoire de la philosophie économique ait considérablement évolué. De plus, le sujet de l'examen ne précisait pas qu'il fallait traiter un auteur vu dans le courant de l'année. L'argument de l'enseignant est donc irrecevable.

Selon le règlement intérieur, il est indiqué qu'un 0/20 doit être suivi d'un rapport rédigé. Je vous remercierais donc de bien vouloir me faire parvenir ce rapport.

De plus, par le présent mail, j'use de mon droit et demande à ce que ma copie soit revue dans son intégralité. Je demande également un entretien avec l'enseignant qui nous lit en copie.

Bien cordialement,

Lilia Benchabane

Le mail est authentique et en le relisant, je suis assez fière de moi (surtout n'hésitez pas à vous en inspirer si nécessaire). Et pourtant, je n'ai jamais reçu de réponse. Ce sera le premier de ce qui se révélera être une longue liste de revendications et dénonciations d'injustices (je lui ai spammé sa boîte mail, pire qu'une *newsletter* de marque). On n'était pas loin des lettres de menace…

Le dernier mail que j'ai envoyé, c'était en dernière année de licence, par rapport au référent « handicap » dans ma fac, qui n'était autre que mon prof de stats. Le mec avait l'air sympa au départ ; je lui avais expliqué que c'était compliqué pour moi d'utiliser l'ordinateur, en particulier Excel et ses toutes petites cases. Il m'avait dit qu'il allait m'aider en adaptant les cours et l'examen final, ce qu'il n'a finalement jamais fait. Je lui ai écrit. Pas de réponse. Je me suis retournée vers mon ami le doyen. Silence radio. Faute de solution de la part de la fac, j'ai dû me débrouiller par mes propres moyens (pas forcément très catholiques) pour valider mon année.

Élysée hotline

Après avoir validé ma licence, il me fallait un master. Comme tous les étudiants de France, j'ai donc postulé par ordre de préférence, en priant pour qu'un établissement m'accepte. Mais malheureusement, je n'ai reçu que des réponses négatives. J'ai donc fait ce que je sais faire de mieux : envoyer des mails (plein de mails) à plein de responsables de masters, dans plein d'universités différentes. Sans avoir aucune réponse. Et c'est là que j'ai eu une idée de génie : contacter le président de la République.

Car si vous ne le savez pas, par le biais du site de l'Élysée, vous pouvez écrire au président. Et c'est ce que j'ai fait (*Sky is the limit*[2], comme on dit). Dans un courrier, j'ai exprimé ma colère vis-à-vis de toutes les formes de discriminations dont j'avais pu être victime les années précédentes et sur le fait que cela avait une incidence sur la suite de mes études. Eh bien, contre toute attente, « le président » m'a répondu ! Bon, sûrement pas en personne, il a juste prêté sa signature, mais j'ai quand même eu une réponse de l'Élysée dans laquelle le président lui-même affirme avoir transmis ma demande au ministère de l'Enseignement supérieur, qui m'a effectivement appelée quelques semaines plus tard pour parler de mon cas et je dois dire que je trouve ça trop stylé. Bon, j'avais fini par trouver un master entre-temps, pas grâce à Emmanuel Macron mais grâce à ma persévérance et aux milliers de mails envoyés (merci Internet). Mais c'est quand même très cool de savoir qu'on peut tous écrire au président de la République comme si c'était un tonton.

Quelques années plus tard...

Après des années à batailler, me voilà enfin diplômée.

Une fois entrée dans la « vie active », l'université au doyen silencieux m'invite pour parrainer la cérémonie d'ouverture de la remise de diplôme de l'année en cours. Lors de mon discours, assez engagé, je félicite les étudiants pour être allés au bout de leur année malgré la précarité étudiante actuelle. Les speechs

2. Le ciel est la seule limite.

se succèdent et le doyen clôture la vague de discours... en parlant de moi. Je découvre que même s'il n'a jamais réagi à mes mails, il les a tous lus et sait très bien qui je suis. Il fait aussi allusion au fait que je n'ai jamais cessé de me battre pour mes droits. Ça m'a surprise et, je dois le dire, un peu émue car j'ai enfin eu le sentiment d'avoir réussi à me faire entendre. Après, le fait d'avoir de la notoriété n'y est pas pour rien : a priori, quand j'étais juste une étudiante malvoyante, personne ne se donnait la peine de me répondre et une fois que j'ai commencé à être un peu plus connue, on est venue me chercher et on m'a citée en discours d'ouverture. Ce n'est quand même pas complètement normal...

« Lilia réclame pour vous... »

Aujourd'hui, je suis sortie de tout ça et je ne laisse plus passer ce genre de choses. La discrimination, que j'en sois victime ou pas, ça va me déranger et je vais directement intervenir. Un PV injustifié ? je rédige un mail pour vous ou j'appelle la préfecture. Un achat d'article défectueux et on ne veut pas vous rembourser ? j'appelle le siège de la marque. Victime de discrimination parce que, malgré votre carte d'invalidité, le vendeur vous refuse l'accès à la priorité sous prétexte que : « vous avez pas l'air handicapée » ? j'appelle le responsable (j'avoue, ça, c'est une histoire qui m'est arrivée et le vendeur a dû présenter ses excuses devant tout le monde). Parfois, je fais même des réclamations pour mes amis ou ma famille alors qu'ils ne m'ont rien demandé. Mais c'est plus fort que moi... Si ça se trouve je peux en faire un business : « Lilia réclame pour vous... » (je prends 15 % au passage car rien n'est gratuit dans la vie).

Et être témoin de ces injustices, voir des gens se faire rabaisser parce qu'ils ne sont pas en position de faire autrement, pour moi, c'est insupportable. Je le dénonce parce que j'aurais aimé qu'à l'époque on intervienne pour moi, et personne ne l'a fait. En plus, ça défoule d'aller au casse-pipe. Quand je m'énerve, je ne crie pas mais je deviens virulente, je blesse avec des mots. On a chacun nos armes...

Évidemment, ne faites pas justice vous-mêmes. Quand la situation est assez grave, n'hésitez pas à « saisir les autorités compétentes » (trois ans de licence de droit pour en arriver à ce constat). Je n'aime pas l'injustice, je trouve ça trop facile.

On ne peut pas traiter les gens

DIFFÉREMMENT

selon **ce qu'ils sont/ne sont pas,**

ou selon **le jugement** qu'on porte sur eux.

J'avoue que ça fait un peu « faux héros », mais on n'a pas tous la chance d'avoir une Madame Réclamation qui sommeille en nous.

La recette pour bien se plaindre

Parfois dans la vie, il nous arrive des choses peut-être pas très graves, mais on a quand même envie de se plaindre parce que ça fait du bien. Moi, j'ai une bonne recette pour ça mais il ne faut pas se tromper dans les mesures.

Ingrédients :

Pour bien vous plaindre, il vous faudra :
- 1 ou plusieurs bonnes raisons de vous plaindre (selon ce que le saladier peut contenir)
- 1 personne qui vous écoute ou 1 combo carnet-stylo
- 1 minuteur

Commencez par bien malaxer et mixer la ou les raisons pour lesquelles vous avez envie de vous plaindre : ruminez longuement, comme si vous préchauffiez votre four pour accueillir les cookies-plaintes.

Ensuite, appelez un ou une amie et dites-lui : « J'appelle pour me plaindre, j'ai juste besoin que tu ailles dans mon sens et que tu sois d'accord avec moi. » Variante : si vous n'avez pas d'ami sous la main, remplacez par un carnet et un stylo et commencez à écrire. Et là, lâchez tout ce que vous avez sur le cœur. Pétrissez vos mots comme si votre vie en dépendait.

Et l'astuce secrète juste pour vous : mettez un minuteur parce que les plaintes trop cuites, on n'aime pas ça. C'est meilleur quand c'est tendre et fondant, alors quinze minutes max.

Et voilà ! Vous ressortirez avec le cœur léger et tout moelleux. Bon appétit !

12

FAKE IT UNTIL YOU MAKE IT

Dédramatiser le rapport au handicap

Je vous l'ai déjà dit, j'ai tendance à ne pas vouloir que ma différence me définisse et je suis même du genre à la cacher pour arriver à mes fins. Ce que vous ne savez pas, c'est que j'ai la chance d'avoir des personnes qui me suivent dans mes folies.

Petits mensonges en famille

Je vous ai beaucoup parlé de ma mère, mais pas encore de mon père. À l'image de sa génération, c'est un homme attaché aux valeurs du travail, à l'évolution de carrière. Quelqu'un de fidèle au « je donne tout pour mon job »... Tout le contraire de ma génération ! En 2015, il travaille pour une grande marque automobile et manage les sites, l'espace, les gens.

À cette époque-là, je suis étudiante et tous mes potes ont un job pendant les vacances : ils sont pour la plupart animateurs au centre aéré... Moi, je ne vois pas donc je ne peux pas passer le BAFA ! Ma grande sœur, avec qui j'ai un an d'écart, travaille aussi. Elle bosse avec mon père et n'a même pas eu besoin de passer d'entretien... Ah ! la facilité du piston ! Elle gagne de l'argent, s'achète plein de trucs, et moi, je suis hyper jalouse ! D'autant que mon père me donne de l'argent alors que moi, je veux le gagner toute seule. Je lui demande de me faire embaucher dans son entreprise pour un job étudiant. Il n'y a pas de raison que ma sœur y travaille et moi, non.

En réalité, si, il y a une raison. Les jobs d'été là-bas, c'est du pur travail à la chaîne. Et pas n'importe quel travail. De la manutention qui demande d'être super précise. Il faut par exemple couper des pièces au millimètre près. Et pourtant, j'ai tellement tanné mon père qu'il a fini par accepter. J'ai zappé la partie entretien d'embauche grâce à lui (autant vous dire que ma situation ne serait pas passée auprès des RH) et nous voilà, ma sœur et moi, en train de travailler à l'usine pendant l'été. Aujourd'hui encore, je me demande comment j'ai pu rendre mon père complice d'une telle supercherie.

Ma sœur aînée, elle a toujours été mon garde du corps personnel. Quand on était petites, c'est elle qui me défendait à l'école quand les autres enfants m'attaquaient. En dehors de l'école, elle m'a aussi protégée dans plein de situations. Quand on jouait dehors avec les voisins par exemple, si quelqu'un avait le malheur de se moquer de moi, c'était la première à monter au créneau.

Une fois n'est pas coutume, c'est encore elle qui m'a couverte lors de notre job d'été quand je faisais n'importe quoi : elle rattrapait mes mauvaises coupes (parfois, j'avais carrément des centimètres d'écart), changeait les bacs avant les inspections pour que personne ne remarque ce que j'avais fait...

La situation était à la fois infernale et très drôle. Le plus incroyable dans tout ça, c'est qu'elle se plaignait tout le temps mais qu'elle m'aidait quand même. Elle a fait le job pour nous deux pendant trois semaines, je ne sais même pas comment on a tenu. Elle aurait tellement pu me demander une partie de mon salaire !

J'ai tendance à emmener ma famille dans mes aventures. Ici, ils m'ont tous couverte dans mon mensonge, et le pire, c'est que personne n'a remis la situation en question. J'ai de la chance parce qu'il y a une vraie solidarité de la part de mes proches. On est tous ensemble dans la même galère, quoi qu'il arrive. Vous allez me dire : est-ce que ça ne va pas un peu trop loin ? C'est vrai que ça aurait pu être grave. On fabriquait quand même des pièces de voiture ! (Je vous rassure, il y a des processus de contrôle incroyables, donc pas de risque qu'une voiture ait été défectueuse à cause de moi.)

Je dois quand même dire que **JE SUIS ASSEZ FIÈRE** de cette **SOLIDARITÉ FAMILIALE.**

C'est un peu fou de se mettre dans ce genre de situation tout ça pour que je puisse m'épanouir et avoir un job comme tout le monde. Parfois, je me demande ce qui les a motivés à le faire. La pitié ? un peu comme s'ils culpabilisaient pour quelque chose dont ils n'étaient pas coupables ? Ou peut-être qu'ils se sont simplement dit : si nous, sa propre famille, on ne l'aide pas, personne ne l'aidera. C'est ça qui est génial dans ma famille, on ne se dit jamais qu'on s'aime, mais on se le montre beaucoup. Et c'est en partie grâce à eux que j'ose les trucs les plus fous sans me poser de questions.

Destination finale

On continue sur la série travail. En 2017, j'ai 20 ans. Je veux faire un break. Je cherche un job et j'ai besoin de changement. Je veux de la liberté, une indépendance financière, des responsabilités… Eh ouais, ma grande ! Je veux être une VRAIE adulte avec plein de trucs à faire, une businesswoman overbookée qui se plaint tout le temps de son travail (si j'avais su que c'était ça, la vie d'adulte, j'aurais vraiment pris mon temps – POV[3] : tu as 27 ans et tu parles déjà comme une daronne !)

Bref, mes potes les plus proches m'annoncent qu'ils prennent une année sabbatique et partent au bout du monde pour être « au pair ». À cette période de ma vie, on ne va pas se mentir : je n'ai pas trop de personnalité et j'adore faire tout ce que font les autres. Alors si mes amis partent, je pars aussi. *Let's gooooo !*

En plus, partir à l'étranger tout en étant logée-nourrie-blanchie-payée par sa famille d'accueil, c'est top. En échange, il faut juste donner un petit coup de main à la maison, et c'est là que ça se complique. Le coup de main en question, ça veut dire, entre autres, que je dois garder des enfants.

3. Point Of View.

Problème : je suis malvoyante.
Solution : ne pas dire que je suis malvoyante.
Challenge accepted.

Je remplis un formulaire en ligne, je passe un entretien via Facetime, et trois jours plus tard me voilà fille au pair au Qatar. Truc de ouf. Et cette fois, j'ai fait tout ça toute seule. Évidemment, pour mettre toutes les chances de mon côté, j'ai eu l'intelligence lors de l'entretien de ne pas mentionner que j'étais malvoyante (à mes risques et périls). Je me débrouillerai bien sur place. Pas vue, pas prise. Et comme j'aime bien me compliquer la vie, j'ai choisi un pays où il ne fait pas que chaud, il fait très – trop – chaud. Une température de 45-50 °C... l'endroit idéal pour une personne albinos.

On n'est plus sur un
PLEIN DE VITAMINE D
à ce stade, on passe à de la
VITAMINE
DEAD !

Je m'envole donc pour Doha où je fais connaissance avec la famille. Le courant passe tout de suite. Ils sont super sympas et ils ont deux petits garçons : un bonhomme de 6 ans et un bébé de 2 mois. Je me dis que j'ai « de l'expérience » ; je suis la deuxième d'une famille de cinq enfants.

Et effectivement, je gère. Je m'entends super bien avec Adam, le petit de 6 ans. On passe de trop bons moments ensemble, et très vite, on devient hyper complices. C'est génial. En plus, il est loin d'être un de ces monstres surexcités qu'on imagine quand on parle de « faire du baby-sitting » : il est calme, m'écoute quand je lui demande de faire quelque chose, s'arrête toujours au passage piéton. Un vrai petit ange. (Il s'arrête au passage piéton, je le sais, parce que j'ai tellement peur quand je suis seule avec lui que je ne le quitte pas des yeux. En fait, je ne le quitte pas du tout. La distanciation sociale entre lui et moi, ça n'existe pas, c'est trop risqué. Je lui laisse 3 cm d'écart maximum vu que je vois encore assez bien à cette distance.)

Bon, vous l'aurez compris, je suis quand même consciente que je ne peux pas tout faire. Je reste vigilante et quand je sens que certaines situations peuvent le mettre en danger, je dis franchement aux parents que je ne me sens pas capable de le faire seule. Ça fonctionne plutôt très bien.

Mes quelques scrupules se tassent avec le temps et je finis par me dire qu'un enfant à charge, ce n'est franchement pas la fin du monde. Ça se fait, malvoyante ou pas. Je continue de donner le change. Pendant trois mois, personne ne se rend compte de rien et je suis plutôt fière de mon coup.

Quelques mois après mon arrivée, l'école d'Adam organise un événement sportif pour les élèves, *Sport Day*. Le principe est simple : toute la journée, les enfants passent d'une activité sportive à une autre sous le regard des parents. La maman d'Adam me dit qu'elle ne pourra pas venir au *Sport Day* et me demande de prendre des photos. Le jour J, je suis à fond : je dégaine l'appareil photo et m'improvise photographe professionnelle pendant tout le temps de l'événement. Portrait, paysage, zoom, contre-plongée... Tous les angles y passent ; j'ai promis de faire des photos de qualité. Au bout d'une heure, j'entends un « Lilia » entre deux cris d'enfant... Cette voix ne vient pas du tout du bon côté.

Et c'est là que je me rends compte que, depuis le début, je prends des photos du mauvais modèle. Ma couverture est mise à mal. La toute petite faille de mon plan presque parfait a été découverte. Fin du *game*. Je suis grillée par un enfant de 6 ans.

Et là, je me dis que

C'EST FINI.

Je peux préparer mon passeport

en mode

« RETOUR EN FRANCE ».

Je prends mes responsabilités en rentrant. Je décide de tout raconter à la maman. Et... devinez quoi ? Elle éclate de rire. Je m'étais fait tous les scénarios possibles et imaginables dans ma tête mais à AUCUN MOMENT je n'aurais imaginé déclencher le rire chez elle.

La réaction de la maman vous surprend ? Alors vous n'êtes vraiment pas prêt pour celle du petit Adam. Quelques jours après cette journée, il choisit une nouvelle paire de baskets orange fluo, vient me voir et me dit : « Regarde Lilia, j'ai acheté cette paire de baskets comme ça, tu pourras me voir de loin ! » Je crois qu'on ne peut pas faire plus mignon que ça.

Jusqu'à maintenant, je me demande encore comment cette histoire a pu aussi bien se terminer. En réalité, ils auraient pu me jeter dehors, me signaler à l'entreprise qui m'avait envoyée sur place et décider de me maudire jusqu'à la fin de leurs jours. Mais non, ils ont juste ri de la mésaventure et ont continué à me faire confiance. Vu que j'ai toujours tendance à minimiser les choses et faire comme si je n'avais absolument pas 1/10 à chaque œil, je pense qu'ils ont bien perçu que j'étais malvoyante mais n'ont jamais vraiment compris à quel point !

Jeu d'enfants

Adam, du haut de ses 6 ans, a trouvé une solution au problème sans en créer un autre, en toute simplicité. C'est ça que j'aime chez les enfants : leur façon de penser est directe, ils vont à l'essentiel. En tant qu'adulte, le premier réflexe, c'est de se dire que parce que je suis malvoyante, je le mettrai forcément en danger. Alors que pour lui, ce qui était important en tant qu'enfant, c'était qu'on s'entendait bien, qu'on passait de bons moments ensemble et il savait, au fond, que je faisais super attention à lui. À partir du moment où il a découvert que j'étais malvoyante, ça n'a rien changé ; il ne s'est pas senti moins en sécurité ou à l'aise qu'avant. Ses parents ont aussi joué un rôle important : en ne me renvoyant pas, en continuant de me faire confiance comme ils l'avaient fait les trois premiers mois, ils ont validé son ressenti d'enfant avec leurs yeux d'adultes. J'ai eu l'impression, à plusieurs milliers de kilomètres de mes proches, d'avoir trouvé une nouvelle famille qui me faisait confiance et rendait les choses plus légères. Je suis restée un an sur place avant de rentrer en France et nous sommes toujours en contact.

D'une certaine façon, ma sœur, en me protégeant, a fait un peu la même chose qu'Adam : elle ne s'est pas posé de questions, a pris la situation telle qu'elle était, sans dolorisme (oui, j'ai du vocabulaire quand je veux), et a été dans l'action. Avec du recul je me dis quand même que ces deux expériences étaient un peu folles et que sans le soutien de mes familles, biologiques et de cœur, je n'aurais jamais pu aller jusqu'au bout de ces aventures. Grâce au soutien de mes proches, j'ai réussi à me dépasser et à simplifier mon rapport au handicap. Ne pas s'arrêter à ce qui bloque, trouver des solutions, aller plus loin... C'est vers cela qu'ils m'ont permis de tendre. Et j'aurais aussi appris la chose suivante : on peut plus faire confiance aux enfants qu'à leur baby-sitter.

Les 3 meilleurs mensonges pour décrocher un job

On connaît tous la technique du CV falsifié : on s'ajoute des compétences, on s'invente des langues qu'on ne parle pas, ou on s'improvise titulaire de formations. Vous allez me dire : « Lilia, t'es pas en train de nous inciter à mentir ? » Non, je vous propose juste de saupoudrer votre vie et vos expériences d'un tout petit peu d'imagination. Voici donc trois techniques imparables pour décrocher un job si l'environnement n'est pas propice à vous laisser votre chance.

1 S'inventer une vie

Ça, c'est un peu technique et ça demande de l'entraînement (voir chapitre 10, « Lilia Spielberg »). On peut s'inventer des expériences, mais sans aller dans le mensonge le plus extrême. Il faut que ça reste crédible pour convaincre son auditoire.

2 Minimiser la situation

Par exemple, ne pas mentir sur le fait que votre vue est mauvaise, mais dire que vous avec 5/10 au lieu de 1/10… Ça va, sur l'échelle de la triche, ce n'est pas grand-chose… Non, plus sérieusement, vous pouvez minimiser la situation dans le cas où cela n'implique aucun danger pour les autres. Si vous postulez à un job qui nécessite un permis deux roues mais que vous maîtrisez le vélo ou la trottinette, vous pouvez quand même vous déplacer !

3 Mentir par omission

Vous n'êtes pas obligé de déballer toute la vérité ; les secrets et le mystère, c'est bien aussi et ça vous donne une aura. Si pendant cinq ans, vous êtes allé à la fac, tout le monde considérera que vous avez un master alors que si ça se trouve, vous passiez juste devant tous les jours parce que vous habitiez à côté. Mais attention, il faut quand même que vous puissiez assurer derrière, sinon vous serez vite démasqué.

13

C'EST LA VISION D'UNE FILLE QUI NE VOIT PAS

Comment j'ai fait de ma passion
mon métier

Que ma vie soit une grosse blague depuis le début, c'est une évidence. Mais que je fasse de mes blagues un métier, ça, c'était un petit rêve caché que je gardais pour moi sans jamais vraiment penser que ça finirait par arriver.

Tu veux faire quoi plus tard ?

J'ai commencé à regarder mes premiers one-man-show à la télé à l'âge de 13 ou 14 ans. J'ai vu le spectacle de Jamel *100 % Debouze* une fois, puis deux fois, puis vingt fois, jusqu'à connaître chacune de ses blagues par cœur et les refaire devant mes potes au lycée, sans me rendre compte que j'aimais ça parce qu'au fond, ça correspondait juste au job de mes rêves.

La conseillère d'orientation me demandait souvent : « Tu veux faire quoi plus tard ? », ce à quoi je répondais : « Je veux voyager. Je veux vivre dans le train, être pressée tout le temps, avoir plein de rendez-vous, devoir courir dans les gares, un café à la main... Je veux que mes journées ne se ressemblent pas. » Et elle a bien su m'orienter... vers la sortie de son bureau ! Finalement, je ne le savais pas encore mais ce que je décrivais à la conseillère d'orientation, c'est un peu ma vie aujourd'hui.

Le premier rire du reste de ta vie

Quand je suis montée sur scène pour la première fois, j'y suis allée en mode « Viens on essaye ». J'avais compris depuis le lycée que l'humour, c'est une force. Ça te rend populaire, ça te donne une place. Mais je ne savais pas à quel point ça allait devenir important dans ma vie.

Mon premier stand-up, c'était à Paris, au *Paname Comedy Club. The place to be !* Si vous êtes un peu averti en matière d'humour, vous connaissez forcément cet endroit. Il est réputé pour être l'un des premiers comedy club, l'endroit qui a fait naître le stand-up en France. Tout le monde est passé par là, TOUT LE MONDE.

Le jour où je fais mon premier stand-up (c'est simple, il suffit d'appeler pour passer), ça a lieu à la cave du restaurant. Il y a des petits bancs rangés les uns derrière les autres. Sur la « scène », un micro sur pied, un tabouret et des palettes recouvertes d'un tissu rouge pour que l'humoriste puisse être un peu en hauteur par rapport au public. J'y vais sans grand rêve, juste pour essayer. Je ne sais pas trop ce qui m'a poussée à faire ça. Je n'en ai parlé à personne, je veux le garder pour moi.

PETITE PARENTHÈSE Les études, c'est important dans ma famille, notamment pour ma mère. Dans sa tête, tu trouves un job et tu fais évoluer ta carrière au sein d'une entreprise, mais à AUCUN MOMENT tu ne fais des blagues ton métier.

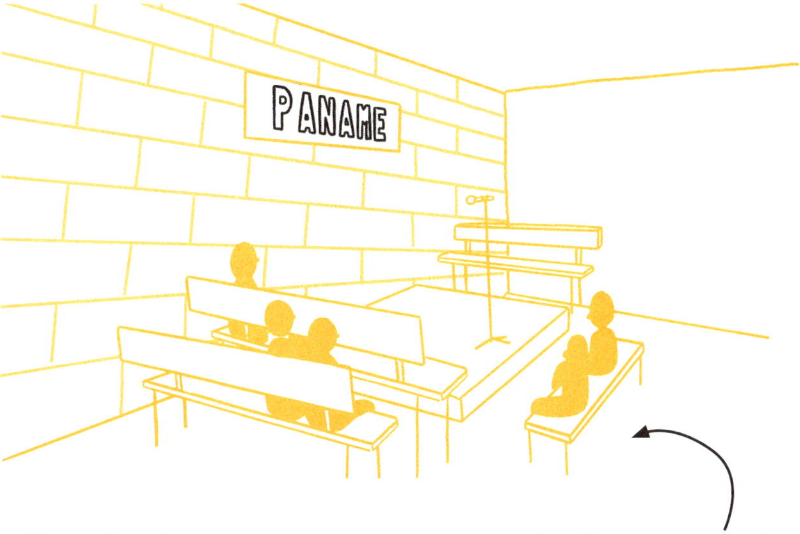

L'endroit où j'ai provoqué mes premiers rires et fait mes premiers bides (le nombre de personnes dans la salle est représentatif).

Ce jour-là, cinq personnes dans le public. On est au « labo du rire ». Il est 17 heures, c'est l'heure des débutants, l'heure des toutes premières blagues, des toutes premières sur scène. C'est mon heure.

Je suis super stressée mais en même temps, je ne sais pas trop ce que je suis en train de faire. Évidemment, comme à chaque fois avant de monter sur scène (jusqu'à aujourd'hui), je regrette de faire ce que je fais, je veux faire marche arrière, je veux partir en courant. Mais c'est trop tard, je suis là et on m'annonce. C'est mon tour.

J'arrive sur scène, j'ai les mains qui tremblent. Le micro aussi. Ce n'est pas très pratique… Je me présente et je déroule mon texte que j'ai appris par cœur, à la virgule près, à la respiration près. Je stresse. Je parle très, très vite. Je suis censée rester dix minutes sur scène mais au bout de trois, je suis déjà prête à partir… On ne dirait pas, comme ça, mais dix minutes, quand tout le monde te regarde – tout le monde, c'est les cinq personnes du public –, c'est long, surtout dans le silence. Je dis encore quelques mots et c'est là que je réussis à décrocher mon tout premier rire !

LE PREMIER RIRE,
tu ne t'y attends pas du tout.
C'est vraiment un moment assez particulier.
C'EST UN TRUC DE
FOU.

Ce rire qui met tout le monde d'accord. Tout le monde – toujours les cinq mêmes personnes – est d'accord pour dire que ma blague est drôle.

Ce n'était pas un éclat de rire, juste un petit rire, mais c'était mon premier, donc pour moi, c'était suffisant. Dans ma tête, j'étais déjà passée en mode « star de l'humour ».

Je ne me souviens même plus de ma blague, mais je me souviens de ce petit son. Ça m'a surprise et je me suis dit : « Meuf, tu viens de faire rire des inconnus pour la première fois. » C'était un sentiment assez étrange. Provoquer le rire, c'est hyper fort. C'est toi qui as le pouvoir. C'est différent de faire rire sans faire exprès ou de subir une moquerie. Je me suis sentie écoutée. L'attention était sur moi. C'est d'autant plus fort que c'est toi qui provoques ce rire volontairement. Et ça change tout. Après toutes ces années à avoir subi des moqueries, des années à entendre les éclats de rire des autres sur moi et sans moi, c'est comme si j'avais enfin trouvé la solution pour rire avec eux. Comme si j'avais donné mon consentement pour rire de moi. On n'était plus dans l'exclusion mais dans l'inclusion.

Faire rire, c'est un peu prendre les gens par la main pour les amener dans mon univers, dans cet univers où je les autorise à rire de moi, avec moi, et de nous aussi. Je crois que c'est ce jour-là que j'ai trouvé ma *safe place*, ma zone de confort, ma place. Encore aujourd'hui, c'est l'endroit où je me sens le mieux.

Quand je suis sur scène, je me sens en sécurité. Je sais que les gens en face de moi sont bienveillants, je sais qu'on est ensemble et pas les uns contre les autres. Et c'est en ça que ce premier rire a été fondateur.

Mon *date* secret

L'année qui suit ma première scène, le stand-up devient mon jardin secret. Je fais des allers-retours à Paris sans dire à personne pourquoi, et hors de question de faire des scènes à Lille, j'ai trop peur qu'on me voie.

Au bout d'un moment, ma famille commence à se poser des questions. Ils se demandent tous ce que je peux bien faire toutes les semaines, quand je vais à Paris. Officiellement, je retrouve mes cousines chez une de mes tantes, Sarah, qui habite la capitale, mais à chaque fois, je finis par m'éclipser sans trop dire où je vais, en inventant des excuses bidon : « J'ai rendez-vous chez le coiffeur », « Je vais voir des potes »... J'avoue que même avec mon imagination débordante, après une dizaine d'excuses, j'avais plus trop d'inspiration... Mais j'ai tenu bon aussi longtemps que j'ai pu ! Ma famille me soupçonne d'avoir un mec. C'est presque ça en fait : le stand-up, c'est comme mon *date* secret. Ce n'est pas un mec mais c'est un peu mon premier amour. Mes premiers papillons dans le ventre. Mon premier crush.

Cette double vie, cette petite aventure avec le monde de l'humour, je l'ai tenue pendant un an. C'est long, quand même, pour quelqu'un qui ne sait pas garder un secret. Si j'avais pu, je l'aurais gardé pour moi beaucoup plus longtemps. Le problème, c'est qu'on a fini par découvrir ma petite aventure... Bah oui, en général, quand tu fais quelque chose en cachette, tu finis par te faire griller.

Un jour, je suis sur scène et je fais des blagues, comme c'est le cas depuis un an : « Je suis albinos, je suis malvoyante, bla-bla... » C'est super drôle. C'est tellement drôle que ça fait son petit effet sur une dame dans le public. Trois jours plus tard, cette dame voit sa meilleure amie, elles échangent sur leur semaine et la dame raconte : « Tu sais pas ? Je suis allée voir un spectacle l'autre jour. Une fille hyper sympa, cheveux bouclés, albinos et malvoyante… » En soi, on est d'accord, c'est vraiment cool, ce bouche-à-oreille qui fonctionne. Sauf quand la meilleure amie en question est votre tante Sarah.

Évidemment, elle m'a appelée tout de suite et je n'ai pas pu nier très longtemps, elle avait déjà toutes les infos… En l'espace de deux jours, ça a fait le tour de toute la famille.

L'histoire est quand même folle. Quelle était la probabilité pour que ça arrive ? Ça devait être le destin… ça n'a pas duré longtemps, mais c'était quand même cool d'avoir mon petit jardin secret pendant un an. J'avais tellement peur que ça ne marche pas, tellement peur d'être plus gênante que drôle que je n'ai jamais osé en parler à personne. J'ai préféré attendre que mes proches se passent le mot. Même mes amis ont fini par l'apprendre via les réseaux sociaux. Et je pense que si c'était à refaire, je referais les choses exactement de la même façon. Quand tu te lances un nouveau défi ou quand tu as un nouveau projet, tu as le droit de le garder pour toi. L'avantage, c'est que si tu te plantes, personne ne le saura !

Parler de soi, parler des autres

Je ne l'ai pas précisé jusqu'ici mais, lors de mon premier passage sur scène, je n'ai pas du tout parlé de ma différence. Je ne voulais pas que ce soit elle qui me définisse et je crois que les gens dans le public n'ont pas vraiment perçu que j'étais malvoyante. Ce n'est qu'à ma deuxième représentation que j'ai fait le choix d'en parler.

J'ai très vite compris que pour réussir dans ce milieu, il fallait cultiver sa différence et trouver son identité. J'ai vu que les gens adhéraient, et à partir de là, j'ai commencé à raconter des anecdotes sur ma vie, à me moquer de moi-même dans certaines situations, à montrer l'absurdité de certains comportements des gens face à mon handicap aussi.

Je dois avouer qu'au départ j'écrivais mes sketchs sans trop me rendre compte de l'éventuel impact que ça pourrait avoir sur les gens qui venaient me voir en spectacle. Je traitais des sujets qui m'étaient familiers, qui me parlaient, que je vivais au quotidien, sans qu'il y ait une volonté de sensibilisation derrière. Pour moi, écrire, c'était avant tout me livrer, me mettre à nu. La sincérité et la vérité ont une place très importante dans mes textes ; c'est ce qui fait la matière de mon spectacle et c'est peut-être cette authenticité qui m'a permis de créer un lien fort avec le public.

Petit à petit, j'échange avec eux après mes spectacles ou sur les réseaux sociaux et je commence à comprendre. Mon histoire leur « fait du bien », « leur parle », certains me disent qu'« on vit les mêmes choses ».

Ce n'était pas un objectif à la base, mais je me rends compte que mon rôle d'humoriste dépasse le cadre de la scène et que ça peut aider des gens, même si c'est un nombre infime. Il m'est arrivé que certaines personnes me racontent leurs histoires et m'expliquent parfois combien ils ont souffert du regard des autres. Je suis loin d'être psychologue mais je sais que parfois, le fait d'échanger avec quelqu'un qui comprend et a vécu la même chose, ça fait du bien. Quelquefois, la situation m'a aussi un peu dépassée. Il m'est arrivé de recevoir certains messages avec des idées noires, des pensées suicidaires et dans ces moments-là, j'avoue que je ne savais pas trop quoi faire. Mon réflexe a été de rediriger ces personnes vers des professionnels, les inciter à appeler les numéros d'aide ou d'urgence.

Je ne pensais pas quand j'ai commencé le stand-up que ce que j'écrivais m'amènerait à expérimenter ça et que mon spectacle vivrait en dehors de mes moments sur scène. C'est aussi ça qui est incroyable avec la création artistique : on imagine des choses, et le public, en les recevant, leur donne une vie propre.

JE NE CHANGERAIS DE MÉTIER pour RIEN au monde.

5 conseils pour faire de sa passion son métier

Vous l'aurez compris, ça m'a pris un peu de temps et d'énergie avant de vivre du *stand-up*. Je vous donne quelques conseils issus de mon expérience personnelle. Tant qu'à faire, si ça peut vous faire gagner du temps et de l'argent…

1 Faites un plan et ne le suivez pas

On vous dira que dans la vie, il faut se fixer des objectifs et les atteindre en suivant des étapes très précises. Personnellement, j'ai choisi mes études et mon bac en fonction de ce que ma mère me suggérait – que dis-je ? me suggérait +++ (oui, elle me fait peur) – et en fonction de ce que mes copines faisaient (pour être sûre de ne pas me retrouver seule parce que je ne suis pas du genre très sociable). Après un master en économie pour être chef de projet dans la RSE, je me suis retrouvée à monter sur scène et faire de l'humour. Les parcours chaotiques, ça marche aussi !

2 Si vous voyez de la lumière, n'hésitez pas à rentrer

Au collège, je me souviens que mon prof de math avait écrit sur mon bulletin : « Elle a vu de la lumière et elle est rentrée. » Ce n'était pas très positif à l'époque : en gros, si ça me plaisait, je restais et je m'investissais ; si je n'étais pas fan, je m'en allais. J'ai un peu fait la même chose pour le travail. Jamais je n'aurais imaginé faire de l'humour mon métier. J'ai juste saisi une opportunité qui m'a plu et après, tout s'est enchaîné très vite. Sauf que moi, je n'ai pas *vraiment* vu de la lumière, vous vous en doutez.

3 N'en parlez pas !

Si vous avez une mère comme la mienne, le plus sage est de faire votre vie sans en parler. Vous éviterez le chantage affectif, la culpabilisation et les doutes permanents. De toute façon, elle finira bien par savoir les choses mais ce sera trop tard pour faire marche arrière. Et si vous êtes comme moi et que le regard des gens vous importe beaucoup plus que ce qu'il devrait, ne rien dire, c'est aussi éviter d'entendre des avis qu'on n'a pas demandés !

4 Soyez égocentrique, ça parlera aux gens

Je vais étaler ma culture : en master d'éco, être égoïste, c'est le premier truc qu'on nous apprend. On appelle ça « la théorie de la main invisible » (pas très « Me too », ce nom de théorie, je le reconnais !). Pour résumer, selon l'économiste Adam Smith, l'intérêt personnel contribue au bien commun. Ça me parle. Au début, j'ai vraiment parlé de moi dans mes sketchs pour me démarquer ; je ne pensais pas que ça serait aussi efficace. Donc rappelez-vous-en quand vous essaierez de vous vendre en entretien ou autre : vous êtes votre meilleur produit !

5 Restez positif tout en étant négatif

Être positif, c'est bien, mais l'être TROP, ça devient contre-productif, surtout quand on se force. La preuve en pratique : un jour, je monte un meuble Ikea, trop fière de moi. Au bout de vingt minutes, ça commence à ressembler à quelque chose et là, je me rends compte que j'ai mis une pièce à l'envers et qu'il faut repartir de zéro. J'ai positivé, j'ai recommencé et j'ai refait la même erreur. J'ai pleuré, j'ai positivé, j'ai recommencé et je n'ai toujours pas réussi. J'ai préféré tout casser. Ça m'a fait tellement de bien... Je peux vous assurer que le négatif amène aussi le positif.

Moralité : trouver sa voie, c'est comme monter un meuble Ikea. Il faut un peu bricoler, parfois s'énerver, ne jamais lâcher !

14

LE COVID

OU MA VIE N'A PLUS DE SENS

Être reconnaissant pour ce qu'on a plutôt qu'aigri de ce qu'on n'a pas

Vous vous souvenez de ce petit virus qui a touché toute la planète en 2020 ? Eh bien je vais vous confier un secret : je crois que le patient zéro, en France, c'était moi.

Deux sens sur cinq, c'est mieux que rien

Début février 2020, je pars en voyage. Début mars, je rentre en France. Je suis fatiguée, j'ai de la fièvre. Je ne me sens pas vraiment pas bien ; le seul truc que j'arrive à faire, c'est dormir. En quelques jours, je perds le goût et l'odorat. Je crois que je fais partie des premières personnes à être contaminées par le virus, mais à ce moment-là, la perte du goût et celle de l'odorat ne sont pas encore reconnues comme des symptômes officiels. Je m'inquiète un peu, je vais chez le médecin. Le diagnostic est sans appel : « Madame, vous avez sans doute endommagé un de vos nerfs... Dans ce cas-là, c'est irréversible. »

Si vous avez lu le livre, même en sautant quelques pages, vous n'avez certainement pas pu rater l'info « je suis malvoyante ».

En mars 2020, en plein confinement, je me retrouve donc

SANS GOÛT, SANS ODORAT, ET SANS VUE.

En bref, il me reste deux sens sur cinq... C'est la catastrophe. Pendant que tout le monde occupe son confinement à se faire des petits plats, moi je perds le plaisir de manger parce que tout a le même goût : le goût du rien, le goût du « on n'a pas le droit de sortir », le goût de « je ne sens plus ce que je mange, ma vie n'a plus aucun sens ».

Pendant des semaines et des semaines, je cherche désespérément des remèdes de grand-mère pour me soigner et retrouver goût à la vie – et goût tout court. Tous les jours, je me fais « la semaine du goût » à la maison. Vous savez, quand, à l'école, on nous propose pendant une semaine de tester chaque jour des aliments différents en nous les faisant sentir et goûter ? Eh bien là, c'est pareil, tout y passe. Je m'obstine à vouloir sentir le goût du gingembre. J'en mets partout. Je le mélange à des clous de girofle. RIEN ! Pareil pour mes parfums : je les sens tous les jours un par un, ils n'ont aucune odeur. Quand je vais prendre ma douche et que je me savonne, là non plus, pas d'odeur. C'est hyper bizarre, t'as l'impression de ne pas être propre, d'avoir pris une douche qui ne sert à rien. En vrai, je ne m'acharne pas à faire ça tous les jours par optimisme, c'est juste parce que je suis bornée et que je me suis promis de retrouver mes sens perdus.

Le plus triste, c'est que je ne peux même pas faire d'IRM pour écarter l'hypothèse du nerf endommagé car vous vous doutez bien qu'en pleine pandémie tous les médecins ont d'autres urgences à gérer... Que Lilia ait perdu le goût et l'odorat, c'est le cadet de leur souci. Pour les mêmes raisons, je n'ose pas appeler le 15, ils ont d'autres chats à fouetter. J'attendrai.

L'attente la plus longue de ma vie. J'avoue que je suis plutôt du genre hypocondriaque, donc j'attendais, mais en faisant beaucoup de scénarios dans ma tête. Un nerf endommagé, ou alors une tumeur ? À aucun moment je ne me suis doutée que j'avais « juste » la maladie dont le plus de personnes étaient en train de mourir à l'instant *t*.

Comment positiver quand tu n'as plus que 2 sens sur 5 ?

Franchement, c'est débile comme challenge. Tu ne peux pas positiver dans cette situation, c'est absolument NUL de n'avoir que deux sens sur cinq. Qu'est-ce que vous voulez faire du toucher sans les autres sens en plus ? C'est super frustrant de toucher ce qu'on ne peut pas goûter !

La Gén Z m'a sauvée

C'est au moment du Covid que je commence à faire des vidéos sur Internet parce que je m'ennuie. Les gens mangent, et moi je fais des vidéos – ou je passe mon temps à traîner sur les réseaux sociaux. Au bout de deux semaines, la magie opère. Collée à mon téléphone, je passe d'une application à une autre : Snapchat, Instagram, TikTok... puis Twitter. Ça fait longtemps que je n'y suis pas allée et là, je me rends compte que je ne suis pas la seule à avoir perdu le goût et l'odorat. J'appelle le numéro vert mis en place pendant la pandémie. Une standardiste décroche, je lui explique ma situation. Elle me répond : « Non, madame, ça n'est pas un symptôme », et on raccroche.

Pourtant, on est de plus en plus nombreux à passer par là. Je fais une story sur Instagram en expliquant ce que j'ai, et d'un coup, des tas de gens me répondent qu'eux aussi et qu'ils ont été testés positifs au Covid. Ça me redonne espoir, je ne vais pas perdre mes sens à vie... On se chauffe tous pour appeler le numéro vert et signaler que c'est un symptôme. Je rappelle la nana deux jours plus tard. Elle me dit que ça y est, c'est officiel, la perte de goût et d'odorat est considérée comme un symptôme !

Bonne nouvelle : je devrais bientôt retrouver mes sens !
Mauvaise nouvelle : j'ai le Covid.
Très mauvaise nouvelle : je suis chez mes parents au moment du confinement et j'ai contaminé toute la famille...

Heureusement, personne n'était à risque. J'ai juste créé un cluster. Mais au moins, grâce à moi, ils ont développé leurs anticorps.

Gratitude !

Après huit semaines, soit 56 jours, je finis par retrouver entièrement mon goût et mon odorat. Et là, c'est le retour aux sources et le bonheur absolu.

Attention, leçon de vie (je suis une des premières à avoir attrapé la version hardcore du Covid et j'ai survécu, alors en tant qu'experte, je peux me permettre de donner des leçons) :

C'est quand
ON PERD
quelque chose
qu'on se rend vraiment
COMPTE
DE SA VALEUR.

Tous les gens qui ont perdu leur sens après avoir été contaminés par le virus seront d'accord pour dire que ça fait flipper. Moi, ça m'a fait vraiment comprendre l'importance des choses essentielles : j'étais tellement contente de sentir de nouveau les odeurs et les goûts après ça que j'appréciais la moindre petite sensation avec de la reconnaissance, presque de la gratitude.

Cette expérience m'a aussi fait comprendre autre chose : la peur naît de la désinformation. À l'époque, personne ne mettait de mots sur ce qui était en train de se passer. On m'a quand même dit que je risquais de perdre deux de mes sens à vie... Je ne jette pas la pierre aux médecins, ils ne savaient pas non plus ce que c'était que ce virus mais j'ai appris, suite à cela, qu'il faut toujours se renseigner par soi-même, surtout quand on est directement concerné. Si d'autres personnes n'avaient pas témoigné sur les réseaux, je serais restée dans mon coin à déprimer et à attendre de mourir seule et amputée de plus de la moitié de mes sens. Mais heureusement, d'autres personnes ont vécu la même chose et on s'est entraidés. Aujourd'hui, j'ai eu la chance de récupérer mes deux sens à 100 %, et je me considère comme chanceuse car ce n'est pas le cas de tout le monde.

L'équilibre des sens

Vous avez peut-être déjà entendu parler de cette légende qui dit que quand on a un sens moins performant, les autres se développent davantage et le compensent ? Eh bien, c'est complètement vrai... sauf en cas de Covid ! L'ouïe, l'odorat, le goût et le toucher, ce sont un peu mes Quatre Fantastiques à moi. Ils m'aident à « voir le monde », me donnent des super-pouvoirs. Au quotidien, je me sers de ces autres sens pour voir :

L'ouïe me permet de reconnaître les voix des gens à qui je m'adresse et d'en savoir un peu plus sur leurs émotions selon le ton qu'ils adoptent. Ce sens est tellement performant chez moi que parfois, il me fatigue. Je pense que c'est pour ça que j'aime le silence. Je dirais même que je le recherche. J'en ai besoin, quand je suis seule chez moi. Je n'aime pas les bruits de fond comme la musique ou la télé (vous voyez comme je suis trop FUN !). Je trouve que ça dit beaucoup de choses, le silence. Ça peut être un signe d'apaisement comme de malaise et je trouve ça fascinant. Parfois, j'analyse les silences quand je suis avec des gens et certains me gênent alors que d'autres, pas du tout. Vous avez déjà remarqué ? Quand vous êtes avec une personne proche, avec qui vous avez de bons rapports, les silences ne sont pas gênants, on ne se sent pas obligés de les combler.

L'odorat, j'en ai déjà un peu parlé. C'est un sens que j'adore car il permet de se définir à travers son parfum, de reconnaître des gens, des lieux, mais aussi d'apprécier ce que l'on mange. Et surtout, il me permet de sentir le Starbucks le plus proche – et croyez-moi, ça, c'est un vrai talent. J'ai une passion pour le café. Les puristes diront que le Starbucks, ce n'est pas du vrai café. Vous avez raison mais c'est celui que je préfère. D'ailleurs, quand j'arrive dans une ville, le premier truc que je cherche, c'est le Starbucks. S'il n'y en a pas, c'est que l'endroit ne vaut pas la peine d'être visité ! Par contre, l'inverse n'est pas vrai. Ce n'est pas parce qu'il y a un Starbucks dans une ville qu'elle est géniale... la preuve : Limoges (balle perdue pour Limoges).

Le goût, c'est un peu le binôme de l'odorat. L'un ne fonctionne pas bien sans l'autre, ils se complètent. Le goût, c'est la joie d'un bon repas avec les gens qu'on aime, la surprise d'une saveur inconnue, la nostalgie d'un souvenir façon madeleine de Proust... Bref, c'est le sens de tous ces petits plaisirs qui font la vie.

Le toucher me permet de savoir à quoi je ressemble de façon très précise. C'est mon miroir.

Tous ces sens
se complètent
et me permettent de me
CONSTRUIRE
ma propre image du monde.

Sans eux, je ne suis pas grand-chose. Sans eux, je ne vois pas ; sans eux, je ne vis pas. En fait, c'est grâce à eux que j'ai, que l'on a, le goût de la vie. Mais ça, je ne m'en rendais pas compte. Franchement, qui, avant le Covid, s'est déjà dit : « Oh ! il faut que je profite de mon odorat parce que je peux le perdre » ? La vue qui se dégrade avec la vieillesse, ça, on le sait et on s'y prépare psychologiquement. Mais le goût et l'odorat, soyons honnêtes : on n'était pas prêts. D'où l'intérêt de chérir ce qu'on pensait acquis. Cette pandémie nous aura bien servi de leçon. *Carpe diem*.

15

LA VIE D'ADULTE

Être en plein syndrome de Peter Pan et refuser de grandir

Ces dernières années, j'ai eu l'impression d'être propulsée d'un coup dans la vie d'adulte. J'ai commencé à gagner ma vie, pris mon appart et je suis devenue complètement autonome. Ce sont aussi les années où j'ai eu mes premiers découverts et où j'ai commencé à travailler sur plein de projets en même temps, jusqu'à ne plus savoir où j'en étais. Alors aujourd'hui, comment est-ce que je gère ?

L'élément déclencheur

Quand ma petite sœur a son permis, c'est un petit séisme pour moi. À l'époque, je vis toujours chez mes parents et je commence à devenir dépendante d'elle pour me déplacer. Je le vis super mal. Que ma grande sœur conduise et pas moi, c'est dans l'ordre des choses, mais pas ma petite sœur ! J'ai l'impression que les rôles sont inversés. Je pète un câble, je ne serai dépendante de personne... En l'espace de quelques mois, je prends un appart toute seule en centre-ville de Lille. Plus besoin de voiture, plus besoin de personne pour me conduire. Ou si besoin, je prends un Uber de temps en temps. C'est bête, mais cette histoire de permis, ça a été comme une prise de conscience et ça m'a secouée dans le bon sens. J'ai pris les devants, je me suis lancée.

Enfin... je me suis lancée, mais j'ai surtout fui. « J'ai quitté ma zone de confort », comme on dit (j'adore cette expression, ça fait coach de vie !). J'avais tellement peur de rester vivre chez mes parents et de devenir dépendante de mes petits frères et de ma petite sœur, tellement peur qu'on m'enlève mon statut de « grande » ! Je me suis battue avec ma mère des semaines et des semaines pour qu'elle me laisse partir car oui, convaincre une maman algérienne, ça demande du temps. Elle avait toujours des contre-arguments pour me dissuader de prendre cet appartement : « Tu ne sais pas cuisiner », « Tu dors encore la lumière allumée, tu ne peux pas vivre seule », « T'as pas les moyens de payer le loyer »... Tous ces arguments voulaient en fait juste dire : « Je n'ai pas envie que tu partes. » Des arguments sans doute recevables, mais que je n'avais, sur le moment, pas envie de recevoir.

Les chroniques de Lilia

Le moment où j'ai pris mon appart, ça correspond à peu près au moment où j'ai commencé à être un peu plus connue. Tout est arrivé plus ou moins en même temps et s'est enchaîné super vite : Montreux, le *Jamel Comedy Club*, mes premières radios, mes premiers passages TV... Je suis sur tous les fronts, en mode business woman malgré mon peu d'expérience.

Pour la radio, j'avais ce petit goal dans ma tête : avoir ma chronique sur France Inter parce que tous les humoristes que j'aimais bien avaient la leur. Du coup, j'ai essayé de faire passer des petits messages un peu partout, l'air de rien : sur scène, sur les réseaux, quand je croisais des gens... Un soir, en plein mois d'août, je reçois ce SMS à 23 heures :

Bonjour Lilia, on aimerait beaucoup t'accueillir dans La Bande originale sur France Inter. Partages-tu cette envie ? Dis-moi ce que tu en penses, merci.
Nagui.

PS : si tu as du mal à lire ce message, je peux t'envoyer un vocal.

Au moment de la réception de ce message, je suis plongée dans mes rêves les plus profonds : je suis en vacances en Italie et j'ai eu l'excellente idée durant la journée d'aller faire une rando. À 4 heures du matin, j'ouvre un œil, je lis ce texto, je me dis que c'est un fake, je ne réponds pas et je me rendors. Le lendemain, fraîche et reposée, je me lève vers 8-9 heures et je réalise que non, ce n'est pas du tout un fake. Là, je suis la personne la plus heureuse du monde, la nouvelle me refait mes vacances. Je me vois déjà devenir une super star de la radio. Je réponds à Nagui en lui disant que je rejoindrai l'équipe avec plaisir et que je ferai bien attention de ne pas me tromper de studio quand je viendrai (le logo de la radio concurrente a exactement les mêmes couleurs et son studio est juste en face).

Le jour J, j'arrive à la radio pour ma première chronique. Et là, je réalise que ça ne va pas être aussi simple que je l'imaginais. Malgré l'équipe adorable, je suis super stressée : j'ai le souffle coupé, les mains qui tremblent, mal à la gorge… Je parviens au bout de cette première chronique tant bien que mal, mais je me rends compte que, contrairement à mes spectacles, je n'arrive pas à avoir le *flow* qu'il faut. C'est un exercice difficile et ça ne me correspond pas. Au bout de quinze chroniques, ça s'arrête.

Ce n'était pas mon choix, mais je comprends la décision du rédac chef qui m'a annoncé la nouvelle : je n'ai pas su gérer l'exercice. J'ai vécu cet arrêt comme un échec en me disant que si j'avais travaillé plus, je ferais peut-être encore partie de cette émission. Même si j'ai des regrets, je suis honnête avec moi-même : je sais que je n'ai pas donné le maximum, parce qu'à l'époque j'ai pris l'expérience en mode léger, je pensais que la quantité de travail que je consacrais suffisait, alors que la radio, c'est un exercice différent du stand-up et difficile : c'est timé, on n'a très peu de temps pour être percutant ; ce n'est pas non plus le même public (les gens nous écoutent à distance de chez eux ou dans leur voiture pour aller travailler, ils sont moins attentifs qu'un public qu'on a en face de nous). Quand je préparais mes chroniques, je me disais que ça serait facile parce j'avais mon texte devant moi. Avec le recul, je sais que j'aurais dû le répéter jusqu'à l'apprendre par cœur pour que ma diction soit meilleure. Mais il faut savoir reconnaître ses erreurs et passer à autre chose (*dixit* la fille qui a mis des mois avant de vraiment s'en remettre). Je crois que le pire quand tu grandis, c'est de devoir accepter les conséquences d'actes qui ne sont que de ton fait et d'assumer tes responsabilités.

Rêve vs réalité

Cette anecdote à la radio, c'est assez révélateur de la différence entre la façon dont on rêve les choses et la façon dont on les vit. C'est un peu ça, la vie d'adulte. On la rêve en se disant que ça va être l'indépendance, l'autonomie financière, la liberté, la gloire, et finalement, c'est aussi beaucoup de responsabilités et une charge mentale +++.

En plus, quand tu commences dans ce métier, c'est un peu piège. Comme c'est une passion, tu ne te rends pas compte tout de suite que c'est un travail et c'est là où tu te fais avoir avec « la vie d'adulte ». Quand j'étais étudiante, j'écrivais des blagues pour me libérer l'esprit. Maintenant que c'est mon métier, je dois écrire des blagues tout le temps et trouver d'autres trucs pour me changer les idées ! Ma vie d'humoriste, je ne la changerais pour rien au monde, mais c'est aussi des responsabilités, des deadlines, des négociations de salaire... ça devient beaucoup moins léger d'un coup.

Je vous donne un exemple : je ne savais pas qu'il fallait garder ses fiches de paye à vie, j'ai jeté mes premières. Ma mère m'a traité de folle et m'a ensuite expliqué que je devais les garder pour ma retraite. Mais on est d'accord que ce n'est pas du tout intuitif ? À 20 ans, tu n'as aucune idée du fait qu'un papier va devoir te servir quand tu auras 70 ans (et encore, on ne sait pas quand est-ce qu'on sera effectivement à la retraite...). Même chose pour l'Urssaf : j'ai commencé à recevoir des courriers pour déclarer mes rentrées d'argent, que j'ai ignorés jusqu'au jour où ils ont gelé mes comptes. Quand tu es étudiant, tu peux ignorer les relances de tes profs pour rendre des devoirs, ce n'est pas si grave. Par contre, quand tu es adulte, tu ne peux pas ignorer des organismes comme l'Urssaf (quand tu es indépendant) ou les impôts. Tu es obligé de faire ta paperasse administrative sinon, ça a des conséquences un peu plus graves.

Le lutin de maison

Vous connaissez le syndrome de Peter Pan ? C'est quand on est adulte mais qu'on aimerait rester enfant. J'avoue que parfois, j'ai la nostalgie de cette époque où je n'avais pas de responsabilités et où rien n'était grave si on ne le faisait pas. D'ailleurs, mon côté Peter Pan me dit que ce serait super s'il y avait des petits lutins qui s'occupaient de mettre les fiches de paye de chaque personne dans des boîtes pour plus tard. OK, c'est quand même super de se dire qu'on n'est plus dépendant de personne, qu'on s'assume et qu'on arrive à gérer sa vie seul et comme on l'entend. Mais j'avoue que si je pouvais avoir ce petit lutin pour m'assister, je lui déléguerais toutes mes tâches administratives parce que je déteste ça. D'ailleurs, tout le monde déteste l'administratif. Je n'ai jamais entendu personne dire : « Moi, j'adore faire ma paperasse et j'aime trop appeler la Sécurité sociale, ça me détend. » Qui fait ça ? En général, on perd plutôt patience et on abandonne.

Je laisserais aussi le petit lutin cuisiner parce que, ça me fait mal de l'écrire mais ma mère a raison : je suis vraiment un flop en cuisine. En même temps, c'est de sa faute : elle ne m'a rien appris ! (Règles de vie : toujours mettre la faute sur quelqu'un d'autre et ne jamais assumer ses responsabilités ; vous en sortirez plus légers.) Et si ce lutin est vraiment, vraiment gentil (sans vouloir abuser de sa gentillesse) : une fois par semaine, je le laisserai me faire une petite manucure propre, sans dépasser. Dans mes rêves les plus profonds évidemment, car comme dirait ma mère : « T'as voulu vivre seule, tu assumes et tu t'occupes de toi. »

No regret

Dans le fond, elle a quand même un peu raison. C'est ça, finalement, la vie d'adulte : assumer ses choix et leurs conséquences. Et c'est ce genre de choses qu'on devrait nous apprendre à l'école au lieu de potasser des leçons théoriques et faire du par cœur. On ne nous apprend pas à devenir adultes : on nous jette dans le monde et c'est à nous de nous débrouiller. Parfois, je suis debout au milieu de mon appartement et je me dis : « Mon Dieu, j'ai besoin d'un adulte ! » Et c'est dans ces moments-là que je me souviens que JE SUIS l'adulte. Parce que j'ai décidé de l'être et que je le suis devenue au moment où j'ai pris mon indépendance. C'est aussi ça, assumer les conséquences de ses actes... Quelle phrase terrible !

ANECDOTE Le premier hiver dans mon appartement, je ne savais pas comment allumer les radiateurs parce que – breaking news– je ne sais pas comment fonctionne un thermostat. Après avoir passé des jours frigorifiée, et surtout après avoir mis ma fierté de côté, j'ai fini par appeler SOS Maman pour qu'elle m'explique ! Évidemment, elle ne s'est pas simplement contentée de m'expliquer ce qu'il fallait faire, elle s'est aussi permis de me rappeler que j'avais décidé de prendre un appart, et que normalement, je devrais savoir ces choses-là.

En tant que nouvelle adulte, j'en apprends tous les jours, et mes réflexes de la génération Z m'ont fait me rendre compte que toutes les réponses ne se trouvent pas forcément sur Internet.

Trouver un radeau pour se reposer un peu, puis couler encore. La vie d'adulte, ça ne s'arrête jamais mais, malgré tout, ça en vaut la peine !

La vie d'adulte,

C'EST NAGER DANS UN OCÉAN

DE RESPONSABILITÉS,

couler,

remonter à la surface

(grâce aux conseils de Maman),

puis couler de nouveau...

TEST : Êtes-vous atteint du syndrome de Peter Pan ?

Répondez à ces questions le plus honnêtement possible et vous saurez si vous êtes prêt pour la vie d'adulte ou pas.

1 **Quand vous avez la flemme de cuisiner est-ce que vous mangez des céréales ?**

☐ A. Oui. ☐ B. Non.

2 **Vous devez faire une machine, mais vous ne savez pas dans quel compartiment mettre la lessive et dans lequel mettre l'assouplissant. Vous mettez un peu des deux dans les trois compartiments.**

☐ A. Oui. ☐ B. Non.

3 **Quand vous avez la flemme de faire vos tâches administratives, vous faites semblant de vous en occuper, histoire de vous donner bonne conscience.**

☐ A. Oui. ☐ B. Non.

4 **Parfois, ça ne va pas et vous avez besoin d'appeler un adulte… alors que c'est censé être vous, l'adulte.**

☐ A. Oui. ☐ B. Non.

Si vous avez plus de réponses B, félicitations ! Vous êtes un adulte responsable (mais ce n'est pas la peine de vous la péter).

Si vous avez plus de réponses A, bienvenue au club ! Vous avez ce que j'appelle « le SPPF », soit le Syndrome de Peter Pan et la Flemme.

16

HORS-PISTE

**Croire en soi...
mais pas trop non plus**

Février 2023. Je n'ai jamais été autant au top : j'ai fini mes études, pris mon appart et je me suis enfin consacrée à mon crush de toujours, le stand-up (ma famille commence à se faire une raison). Je vis ma vie, comme n'importe qui. Je me sens pousser des ailes et plus rien ne m'arrête. Au sens propre comme au sens figuré…

Comme tout le monde

Un jour, un groupe de potes humoristes de Lille me propose d'aller au ski. Le concept est simple : on part une semaine à Val Thorens (« Val Tho », pour les intimes) et tous les soirs, on fait des blagues en mode comedy club. Évidemment je suis quelqu'un de très professionnel. C'est le travail, je dis oui. Les blagues, je connais bien. Le ski, par contre…

À cette époque,
JE SUIS ACCRO AU DANGER
j'aime repousser mes limites
Et puis, j'ai toujours
ÉTÉ ATTIRÉE PAR
ce que je n'avais
PAS LE DROIT DE FAIRE.

Il faut dire qu'avec mon handicap, il y a quand même pas mal de choses que je n'ai « pas le droit de faire » et c'est pas cool de savoir que les autres peuvent et pas toi. Et bien sûr, le ski en fait partie. Là encore, les potes qui me proposent de prendre des cours avec eux sont tout sauf conscients d'à quel point je ne vois pas. (Il faut que je sois TRÈS à l'aise avec les gens pour le leur dire). Moi, je sais très bien que c'est super dangereux mais j'y vais quand même. Après tout, on est tous novices en ski. Je vais juste apprendre, comme tout le monde.

Lundi matin, on monte pour la première fois sur des skis lors du cours débutant. Le moniteur, c'est un cliché de l'Italien un peu perché qui parle avec les mains et ponctue ses phrases de *« Mama ! »* dès qu'il est surpris ou désespéré qu'on finisse à terre au bout de deux secondes. Toute la journée, il n'arrête pas de répéter « Chasse la neige ! Chasse la neige ! » mais ça ne nous empêche pas de nous vautrer. Il est aussi un peu tête brûlée (ou inconscient, au choix) : lundi, tu montes pour la première fois sur des skis ; jeudi, il t'emmène sur une piste rouge.

Et là, vous sentez déjà que cette histoire va mal finir.

Crash-test

Moi, au début, je gère. On est du côté des Piou-Piou (les enfants de 3 à 5 ans qui s'initient au ski sur des pistes faciles) et je me débrouille pas trop mal en chasse-neige (mieux qu'en chasse-problème). Croyez-le ou non, je suis même celle qui tombe le moins parmi mes potes.

Par contre, les enfants de 5 ans à côté de nous skient beaucoup mieux que moi et là, mon ego en prend un coup. J'ai juste envie de faire un strike avec tous ces Piou-Piou. Il y en a même qui sont sur des snows comme des pros.

Et c'est en ayant bien la rage que j'emprunte ma première piste verte et, par accident, ma première piste bleue. Bah oui ! parce que parfois, les pistes se croisent et quand tu ne vois pas les petits piquets de couleur, tu passes du vert au bleu sans t'en rendre compte. C'est aussi comme ça que tu passes de la vie à la mort.

Je bifurque donc sur ma piste bleue sans le savoir et d'un coup, je sens que ça dérape, je n'arrive pas à m'arrêter. Je vais de plus en plus vite. Par réflexe, je crie aux gens sur la piste : « Poussez-vous ! Poussez-vous ! Je peux pas m'arrêter ! » Et comme je suppose qu'il y a des étrangers aussi, je veux être bien sûre que tout le monde comprenne ce qui se passe et je crie en anglais : *« I can't stop ! I can't stop ! »* On voit jusqu'où va l'instinct de survie dans ces moments-là... Pour me donner du courage, je me répète : « Si j'arrive à m'arrêter sans tomber, je suis trop forte. »
Spoiler : je n'ai pas réussi.

Une des premières leçons qu'on nous apprend en ski, c'est que si on n'arrive pas à ralentir, on va forcément percuter quelque chose (ou quelqu'un) pour s'arrêter ; du coup, au lieu d'attendre que ça arrive, il faut essayer de se laisser tomber. Mon cerveau va à cent à l'heure et imagine toutes les possibilités. Vu la vitesse à laquelle je fonce, si je veux m'arrêter sans tuer personne, il faut que je me jette soit sur le côté droit, soit sur le côté gauche de la piste. Je me jette sur le côté gauche.

Quand on tombe, la chute est rapide mais le temps semble long. À ce moment-là, je ressens dix mille choses en même temps : j'ai peur, je suis surexcitée, je suis dans le déni, j'ai aussi un shoot d'adrénaline… Je me dis : « C'est complètement inconscient, ce que tu es en train de faire, et en même temps, c'est totalement inédit. » J'ai la chance d'avoir fini en un seul morceau et sans tuer personne, mais ce n'est pas passé loin.

Je finis en boule sur le côté de la piste. Un de mes skis est resté planté quelques mètres plus haut au moment de la chute et c'est là que je me rends compte qu'il y a des codes dans les sports de glisse. Un gars super gentil qui passe par là prend mon ski perdu et me le descend. Trop sympa. Par contre, il ne me demande pas du tout comment je vais et continue sa route sans plus me calculer.

Bon, ça va, il y a eu plus de peur que de mal. Tout le monde va bien, je peux continuer ma semaine de ski.

Je persiste et signe

La semaine se poursuit et je fais toujours comme si tout était normal. J'ai même trouvé une technique de Sioux : je propose à mes potes qu'on se suive les uns les autres et je me mets toujours au milieu. Comme ça, les personnes devant me montrent le chemin et celles derrière assurent mes arrières. Ça marche un peu, jusqu'à ce qu'on s'attaque à des pistes plus difficiles. Arrive un moment où j'accélère sans le vouloir et impossible de tourner à gauche. Mes potes me regardent partir à toute allure.

Je vais droit vers le hors-piste mais cette fois, je n'ai pas besoin de me jeter à terre. Une énorme bosse m'attend et évidemment, je la prends. Elle me projette dans les airs, mes skis se détachent violemment et je roule en boule (ça commence à faire beaucoup de roulés-boulés en une semaine). J'ai l'impression d'avoir fait des tours sur moi-même pendant un certain temps. Mes potes me rejoignent : « Meuf, t'aurais pu mourir ! Tu te rends compte de la distance entre tes skis qui se sont plantés et l'endroit où t'as atterri ? C'est flippant, y a bien une vingtaine de mètres ! »

Heureusement, j'avais un casque.

C'EST CE QUI M'A SAUVÉE,

sinon je n'aurais jamais pu écrire ce livre.

Tous les combats n'en valent pas la peine

Très clairement, lors de ce séjour, j'ai failli tuer plusieurs personnes (dont moi-même) et contrairement à mon expérience de baby-sitter au Qatar, le ski, c'était VRAIMENT super dangereux. Lors de ma deuxième chute, je me suis dit : « Calme-toi et trouve-toi une autre activité moins suicidaire. »

J'ai eu de la chance d'avoir des parents qui m'ont donné beaucoup de force. Ils m'ont élevée dans l'optique que je pouvais tout faire (je tiens quand même à préciser que ma mère n'était pas au courant que j'allais faire du ski, et quand je lui ai raconté après coup, elle a complètement désapprouvé en mode « Mais t'es folle ! »). Leur éducation a fait de moi quelqu'un de déterminé et d'optimiste, quelqu'un qui ose, mais c'est à double tranchant : parfois, je suis persuadée de pouvoir faire des choses que je ne peux pas faire. C'est dur de reconnaître qu'on ne voit pas ; on a envie de faire les mêmes choses que les autres mais on ne peut pas toujours. Il y a aussi la satisfaction de se dépasser, de faire des trucs qu'on n'aurait jamais faits si on n'était pas un peu « tête brûlée ». Pas facile aussi de se raisonner quand on nous répète sur Instagram qu'il faut croire en soi et ne pas se limiter à ce que les autres ou la société nous autorisent ou non à faire. Si je m'arrêtais à ce que je suis en capacité ou ce que j'ai le droit de faire, c'est clair que je ne ferais rien. Et en même temps, il faut aussi savoir reconnaître ses limites quand ça va trop loin. Un jour, mon médecin m'a dit : « Tu sais, Lilia, tu es malvoyante ; tu ne pourras jamais passer le permis. » Moi, ça m'a un peu énervée et j'ai préféré écouter Instagram. Du coup, très sûre de moi, je suis allée à l'auto-école pour m'inscrire et là, évidemment, le gérant me dit : « Si tu veux passer le Code pour ta culture personnelle, pas de soucis, mais la voiture, mademoiselle, c'est non. » BAM, LIMITE. En même temps, il a quand même bien fait de mettre un stop, même si ça ne m'a pas trop fait plaisir sur le coup.

Aujourd'hui, je connais mes limites et je sais que je dois rester du côté passager. Par contre, je me fais peut-être conduire, mais ça ne veut pas dire que je ne choisis pas la destination. Je suis libre de descendre de la voiture, de marcher un peu. Je peux aussi décider de prendre le bus ou de faire une pause dans mon itinéraire. C'est un peu ce que j'ai fait lors de ma première chute au ski, quand j'ai décidé de me laisser tomber au lieu de foncer sur quelqu'un ou de mettre un casque pour me protéger.

J'avoue que je deviens prudente avec l'âge mais j'ai encore une petite partie de moi qui me dit « viens, on fait une piste rouge ». Au ski, je n'étais clairement pas consciente de mes limites. J'y suis allée en mode toute-puissante et en me disant que ça irait. Après réflexion, je ne le conseille vraiment à personne. Croire en nous-mêmes, c'est super parce que ça permet d'en apprendre plus sur soi et de s'ouvrir des portes. Par contre, ça veut dire qu'on peut s'en prendre violemment aussi, et là, c'est moins drôle. Je ne regrette pas d'avoir osé parce que c'est aussi en testant qu'on apprend à connaître ses limites et à poser un cadre pour trouver le bon équilibre mais si c'était à refaire aujourd'hui, je n'irais vraiment pas de ce côté-là. Je préfère rester en vie et ne tuer personne pour une question d'ego. Tous les combats n'en valent pas la peine.

TUTO

Comment sortir de sa zone de confort sans dévier vers du hors-piste ?

Sortir de sa zone de confort, c'est bien mais avoir des filets dans ses prises de risque, c'est quand même mieux. Voici trois conseils pour ne pas partir tout schuss vers un ravin :

1 Se dépasser sans se mettre en danger !

Si votre décision implique une quelconque prise de risque physique ou mental, ça doit être un *red flag*, et votre limite.

2 En parler aux bonnes personnes autour de soi

Si personne ne sait vraiment tous les tenants et les aboutissants de votre prise de risque et que vous n'osez pas trop en parler honnêtement, c'est peut-être que ça va trop loin. En parler à des personnes de confiance en exposant toute la situation, ça permet d'avoir un autre point de vue et d'assurer ses arrières.

3 Choisir ses combats

Posez-vous les bonnes questions : *Pourquoi je fais ça ? Est-ce c'est pour évoluer ? Est-ce que c'est par ego ? Est-ce que j'aime me mettre en danger ?* Soyez honnête avec vous-même et selon les réponses, allez-y… ou pas.

17

LE BURN-OUT M'A TUER

Savoir lever le pied malgré
les injonctions sociales

Au départ, ce chapitre ne faisait pas partie du livre, mais vous avez de la chance : j'ai flirté récemment avec le burn out. Lui et moi, on s'est tournés autour pendant quelques semaines, on a failli finir ensemble. La vie d'adulte, c'est aussi ça... Je vous raconte.

Toujours plus

Depuis que je me suis lancée dans le stand-up à temps plein, je ne vis que pour les blagues. Je MANGE blagues, je PARLE blagues, je PENSE blagues, je RESPIRE blagues. Bref, ça envahit tout mon quotidien. Vous me direz sans doute : « Mais quelle vie de rêve ! Ton travail, c'est d'écrire des blagues. »

Oui, c'est vrai, mais ce n'est pas juste écrire des blagues pour un spectacle : c'est être créative et drôle TOUT LE TEMPS. Je passe de ville en ville pour mes spectacles, je dois trouver des idées toujours différentes pour mes chroniques, je dois aussi inventer des sketchs pour les émissions télé et travailler sur le livre que vous êtes en train de lire. Et comme si ça ne suffisait pas, j'ai eu la bonne idée de m'engager sur un projet de film... tout ça en parallèle de créer du contenu sur les réseaux. Bref, je suis sur tous les fronts, et je saute du coq à l'âne constamment. Impossible de me poser cinq minutes, mon cerveau est en ébullition permanente et mon corps est fatigué de bouger sans arrêt.

Évidemment, je ne m'en plains pas et je suis très reconnaissante de toutes ces opportunités. Je sais que ce que je fais dans la vie est assez atypique et c'est une chance. Mais souvent, les gens pensent que parce que c'est un métier-passion, il y a moins de travail et de fatigue derrière. Oui, j'adore ce que je fais, mais parfois, c'est dur parce que tout repose sur moi. Je suis le moteur, la patronne, la salariée, la cheffe de projet, la cheffe exécutive, tout est concentré en une seule personne… moi ! Sans moi, pas de spectacle, pas de vidéo, pas de salaire, pas de loyer… Bref, je suis à la rue !

Aujourd'hui, dans ma génération, il y a deux modèles de rapport au travail : il y a ceux pour qui le travail n'est pas une fin en soi, c'est juste un moyen d'avoir une vie à côté et ils s'en détachent le plus possible, sans aucun affect ; et il y a ceux qui se lancent à fond dans l'entreprenariat, ne veulent plus être des salariés lambda comme l'étaient nos parents et ont des objectifs de productivité important. Pour ces derniers, tu es un loser si tu n'as qu'une seule activité : ta vie est trop banale, c'est une vie de boomer. Personnellement, je suis tombée dans le piège de cette vie d'entrepreneure. Quand je me suis lancée, j'étais convaincue que pour vivre de ma passion, je devais y consacrer mes jours et mes nuits (au sens propre). J'ai tenu deux ans comme ça, à enchaîner les projets, jusqu'à ce que mon corps me dise clairement que ce n'était plus possible.

Arrêt forcé

Est-ce que vous avez entendu parler de cette théorie sur l'algorithme TikTok ? Suite à la hausse du taux de suicide de nombreux adolescents qui fréquentaient les réseaux sociaux, et en particulier TikTok, des recherches ont démontré que les algorithmes avaient un effet pervers sur le fil de ces ados : ce fil s'autoalimentait en contenu déprimant. Autrement dit : plus on regarde de vidéos sur le suicide, plus le réseau nous en propose. L'œuf ou la poule ?

Dans mon cas, je me suis posé la question par rapport au burn out : c'est le mot à la mode des derniers temps dans le monde du travail, mais est-ce que je suis vraiment en burn out, ou est-ce que j'ai l'impression d'en vivre un vu qu'on m'en parle tout le temps ? Je ne sais pas si c'en était vraiment un, mais ce qui est sûr, c'est que ça s'en approchait fortement :

j'ai ressenti une envie très forte
DE TOUT ARRÊTER,
de tout envoyer promener...

Tout ce pour quoi j'avais travaillé si dur, je n'en voulais plus. Comme un rejet, un dégoût. Un peu comme quand on a trop mangé de son plat préféré. À la base, on l'aime vraiment beaucoup et on en mange pour se faire plaisir mais à force d'en prendre, on n'en peut plus et n'en veut plus ! Et pour l'apprécier de nouveau, il faut cuisiner autre chose.

J'avoue avoir été un peu surprise : je ne pensais pas que ça pourrait m'arriver, pas parce que je suis au-dessus de ça, mais plutôt parce que quand on fait ce qu'on aime, normalement, on n'en a jamais assez. C'est bien ce qu'on dit, n'est-ce pas ? En tout cas, c'est ce que je pensais.

Mais tout est une question d'équilibre dans la vie et le trop-plein de quelque chose (ici, de travail) entraîne forcément des changements sur la balance ; ça prend bien plus de place que tout le reste, et l'équilibre qu'on avait tenté d'atteindre ne fonctionne plus, la balance penche trop fortement du même côté.

Quand j'ai senti que je commençais à dérailler, ma réaction a été radicale : j'ai coupé mon téléphone. En le rallumant, j'avais 221 messages vocaux en attente (que je n'ai, d'ailleurs, jamais ouverts depuis...). Et après quelques jours sans entendre parler de blague, de chronique ou de vidéo, j'y suis revenue tout doucement... Ma « pause » n'a pas pu durer très longtemps mais je crois que j'ai compris la leçon : en gros, pour aller bien, il faut travailler mais aussi savoir se reposer. Et j'ai mis un moment à comprendre que se reposer, ça ne veut pas forcément dire ne rien faire. On peut faire des activités qu'on aime et qui nous font du bien. Prendre une pause, c'est nécessaire pour bien faire les choses.

J'ai aussi compris que peu importe ce qu'on veut faire, si on ignore notre corps et les petits signes qu'il envoie, croyez-moi, c'est toujours lui qui a le dernier mot. Quand il dit « stop », vous ne pouvez plus rien faire, alors autant anticiper et lui prévoir quelques petits temps de repos réguliers.

Ma méthode : le *One Day Depression Only*

À la suite de cette période un peu difficile, j'ai réfléchi. Je ne veux plus me retrouver dans cet état à force de surcharger mes journées. Je me suis fait cette promesse à moi-même. Mais j'ai aussi accepté. Accepter qu'on ne peut pas être au top tout le temps et que c'est OK de lâcher prise de temps en temps et d'avoir un coup de déprime.

Alors, que faire quand ça ne va pas ? Perso, je reconnais avoir vécu beaucoup plus de moments « sans » que de moments « avec » ces derniers temps, donc je suis un peu une professionnelle quand il s'agit de gérer les moments où ça ne va pas. J'ai appris avec le temps.

Je me suis fixé une règle, le *ODDO ou One-Day-Dépression-Only* (traduction pour ceux qui n'ont pas fait LV1 anglais : « Un jour de dépression seulement » – désolée, je vais un peu faire la meuf en vous parlant anglais mais je fais partie des 20 % des Français qui savent pratiquer cette langue alors je me la pète !)

La règle, c'est quoi ? Concrètement, quand je suis triste ou que ça ne va pas, je m'autorise vingt-quatre heures de grosse déprime. Rester seule chez moi en pyjama toute la journée sans bouger de mon lit, ou alors passer du lit au canapé avec un petit détour par la cuisine pour aller chercher du chocolat et des bonbons. Bref, une espèce de laisser-aller autorisé, mais seulement pendant vingt-quatre heures. Petit conseil : prévoyez cette journée « Déprime » un jour où vous n'avez pas trop de trucs à faire et pas trop d'obligations (le dimanche par exemple, c'est parfait pour ça).

Ce que je fais pendant ces vingt-quatre heures :

- Je mets mon téléphone en mode « ne pas déranger ». Pour retrouver ma journée ODDO type, c'est en page 167.
- À la fin de la journée, je fais un point : je prends du recul et je me demande pourquoi je suis dans cet état. Je pense que faire le point, c'est l'une des étapes les plus importantes parce que ça permet de se rendre compte de ce qui se passe RÉELLEMENT. Parfois, on a tendance à exagérer. Perso,

je suis un peu une *drama queen*, j'aime bien me morfondre et me dire que « ce que je vis, c'est terrible, les gens ne se rendent pas compte à quel point je souffre, mais je reste debout... ». C'est OK, ça fait partie de l'introspection. Allez chercher au fond de vous-même les infos dont vous avez besoin pour vous aider. Et répondez à certaines questions. Par exemple : sur l'échelle de la tristesse, je me situe où ?

Une fois que ces vingt-quatre heures sont terminées, vous devez absolument faire quelque chose. De mon côté, voilà ce que je fais :

- J'appelle un proche (amis, sœurs, frères...).
- Je sors prendre l'air.
- Je vais prendre un café en tête à tête avec moi-même.
- Je m'achète un truc qui me fait plaisir en essayant de me fixer un petit budget (souvent explosé).

Il y a des jours où on aura la force de se lever en se disant : « *Fuck !* j'ai le pouvoir, je suis comme je suis » et d'autres où on perdra un peu confiance. Ça arrive à tout le monde.

Mon mantra du jour

On trouve toujours une solution, même si parfois la solution, c'est d'accepter qu'il n'y en ait pas forcément, et c'est OK.

À quoi ressemble ma journée ODDO ?

**Voici à quoi ressemble ma journée « Déprime ».
Rien que le fait de penser à celle qui vous attend,
ça va vous faire du bien.**

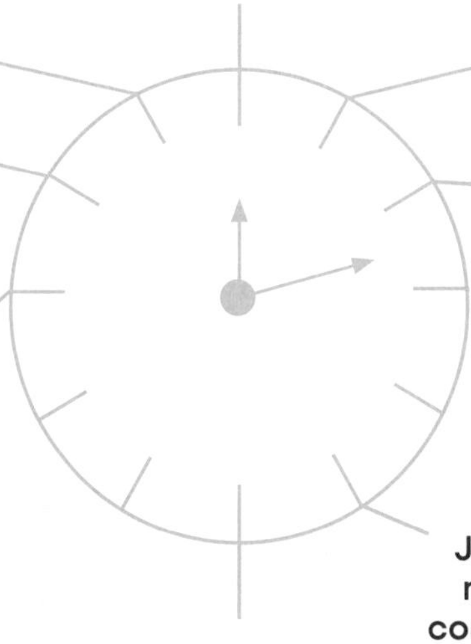

09: 00
Je me réveille.
Je passe du lit
au canapé.

10:00
Je prends mon
son petit déj
devant les
dessins animés.

11:00
J'exprime
mes émotions
(je crie, je pleure).

12:00
Je mange des bonbons
acides avec un grand
verre d'eau froide
(un gros kif).

13:30
Je mets un peu d'ordre
dans mon espace
de vie.

14:00
Je regarde un
film ou une série
qui me fait
pleurer ou rire.

17:00
Je fais de la
méditation
contemplative.
Je prie

18:00
Je fais le point.

18

J'Y PENSE ET PUIS J'OUBLIE

Apprendre à vivre avec son handicap et l'accepter

L'épisode du burn out m'a aussi permis de prendre du recul sur le pourquoi de ce flirt avec la dépression. Évidemment, on ne va pas se leurrer, ce n'est pas qu'une histoire de charge de travail trop importante. Vivre avec un handicap, ça n'aide pas forcément à être au top de sa forme. Pourtant, je fais mon maximum. J'essaye de l'oublier, ce handicap. Je fais parfois comme s'il n'existait pas mais ce n'est pas forcément la technique la plus efficace.

Déni de faiblesse

Mon handicap, c'est un peu comme **une relation toxique avec mon ex :** JE L'AIME autant que **JE LE DÉTESTE.**

Pour désaimer quelqu'un ou quelque chose, il faut apprendre à l'oublier, même si ce n'est pas toujours facile, et moi, je ne peux pas complètement l'oublier. Un exemple : si je dois utiliser mon ordinateur en public, la première chose à laquelle je vais penser, ça va être de l'allumer et d'aller chercher le dossier dont j'ai besoin. Rien à voir avec le fait que je ne vois pas ; mais dans un deuxième temps, je vais forcément être obligée d'y repenser car mon visage va être proche de l'écran, les écritures seront grosses, etc., et je sais que les gens vont voir tout ça. Bref, mon handicap se rappelle à mon bon souvenir. Puis, j'utilise mon ordinateur et je l'oublie de nouveau parce que je vis avec et c'est mon quotidien. Et on recommence comme ça indéfiniment.

Parfois aussi, je fais comme s'il n'existait pas pour me forcer à l'oublier. Un jour, j'étais dans une période où je n'aimais rien chez moi : mes cheveux, ma peau, mon corps... Aucun point positif. Je n'aimais pas ce que je dégageais et je me suis dit qu'il fallait que ça change. Et pour moi, les cheveux, ça joue beaucoup sur le reste. Parce que j'ai une touffe de cheveux bouclés et qu'en général on me repère de loin grâce à ma crinière, très compliquée à dompter !

Je me suis motivée et je me suis dit : « Allons chez le coiffeur. » Problème : le coiffeur chez lequel je vais d'habitude n'était pas disponible et j'avoue que faire confiance à quelqu'un d'autre que les personnes que je connais, ça me fait toujours un peu flipper. On a tous vécu des expériences où on est allés chez le coiffeur et où on en est ressortis encore plus moche qu'en arrivant...

Deuxième problème : ça fait quelques chapitres qu'on est ensemble, vous et moi, et on commence à bien se connaître ; vous l'aurez donc deviné, JE N'AI AUCUNE PATIENCE. Hors de question pour moi d'attendre la prochaine disponibilité chez mon coiffeur pour régler ça. Car oui, je fais partie des gens qui sont persuadés que la solution doit se trouver dans la seconde ou que sinon, ça n'ira jamais. Ce jour-là, j'ai trouvé une solution, que dis-je, L'IDÉE DU SIÈCLE. Dans un déni total de mon handicap, je me suis dit : « Chez moi, j'ai une paire de ciseaux... » et je pense que vous avez deviné la suite... Je me suis coupé les cheveux toute seule. Et ça, avec ou sans acuité visuelle, c'est la pire idée qui puisse exister.

Je crois que dans le top 3 des erreurs à ne surtout pas commettre dans sa vie, il y a :

- sauter d'une falaise sans élastique ;
- envoyer un message à son ex ;
- se couper les cheveux toute seule.

J'avais un côté plus court que l'autre, je vous fais un dessin. Le point positif, c'est que j'ai réglé un de mes problèmes : je ne ressemblais plus du tout à ce que j'avais perçu dans le miroir cinq minutes avant. Le point négatif, c'est que j'en ai créé un autre. J'ai eu beau essayer, impossible d'oublier que se couper les cheveux seule, pour moi, ce n'était vraiment pas possible.

Fun fact : mon iPhone remplace le mot « vie » par « vue »

Avec cet épisode, j'ai compris une fois de plus que le déni, ce n'est pas forcément la méthode la plus efficace... Mon handicap, je ne peux ni l'ignorer ni m'en débarrasser donc j'ai appris à vivre avec. Il y a des jours où je le déteste tellement que je pense à lui tout le temps et d'autres où je le tolère et je l'oublie un peu. Ces jours-là, mon iPhone est là pour me le rappeler. Quand j'écris le mot « vie », il le remplace par « vue » (*true story*). TOUT LE TEMPS. Comme s'il voulait me narguer. Je me demande parfois si c'est une coïncidence ou une blague de la part d'un gars qui travaille pour la marque. Le meilleur *running gag* de sa vie, c'est de me faire cette blague ! Ça m'arrive de l'imaginer rire quand j'écris un texto et ça me fait rire aussi.

S'appuyer sur les autres pour s'autoriser à oublier

Les moments où je suis le plus à l'aise, ce sont les moments où je dis ouvertement aux gens que je ne vois pas, ou alors ceux où je suis avec des personnes qui savent. Avec ma famille, souvent, j'oublie parce que je sais qu'eux, ils y pensent. Ils ont les bons réflexes, je n'ai pas cette « charge mentale » (un autre de mes mots préférés dans le champ lexical du développement personnel après « zone de confort »).

Parfois aussi, je suis vraiment à l'aise avec des gens, et du coup, eux aussi sont parfaitement à l'aise avec ça. On peut sortir les blagues les plus drôles et les plus noires sur le sujet, on en rit vraiment facilement et de bon cœur. Après, c'est un cercle vertueux : plus on est à l'aise avec ce qui nous arrive, plus les gens autour de nous le sont aussi. Quand on lève le côté tabou du sujet, ça ne devient plus le sujet de conversation principal. En revanche, l'inverse est vrai aussi : il y des gens à qui on n'a pas du tout envie de parler de son handicap et là, impossible de l'oublier, on fait tout pour qu'il ne se voie pas...

La relation qu'on a avec soi-même, on la renvoie aux gens. Ça se voit quand on est bien dans sa peau, et l'inverse est vrai aussi. Ça conditionne notre rapport aux autres. Les meilleurs moments dans ma vie, ce sont les moments où j'ai juste été moi, où j'ai lâché prise.

Appelons-le Franck, le sang[4] !

Je l'ai déjà évoqué mais parfois, j'aimerais bien appuyer sur un bouton pour mettre mon handicap en mode « Pause ». Après, même si je veux l'oublier, la vie me rattrape souvent. (Merci Elon Musk d'avoir inventé les voitures silencieuses ! Heureusement que tout le monde n'a pas de Tesla, j'ai failli mourir à peu près un millier de fois à cause d'elles.) Et puis, je dis ça mais si demain, on me délestait de lui, je ne serais plus la même personne. Je me suis construite par et à travers lui. Il fait partie de moi, c'est mon compagnon de route.

D'ailleurs, je propose qu'on arrête de l'appeler « mon handicap ». On va lui donner un nom... Franck. C'est aux antipodes de mes origines, de ma personnalité et de ma génération donc ça me plaît bien ! Franck, c'est un peu comme un petit frère embêtant. Il me saoule la plupart du temps et je me demande souvent pourquoi il existe. Mais en même temps, il fait partie de ma famille, j'ai grandi avec lui et même si j'ai régulièrement envie de m'en débarrasser, je ne le fais pas parce qu'au fond, je l'aime bien, malgré moi. C'est un pot de colle. Il m'accompagne partout, dans mes joies et dans mes peines (il est responsable de certaines d'entre elles parfois). Il arrive à me faire rire comme à me prendre la tête. Il est un peu lourd aussi, mais je lui pardonne parce que ce n'est pas de sa faute à lui non plus, on ne lui a pas demandé d'être là. Il fonce sans réfléchir comme Ribéry, a un humour potache façon Dubosc, et me donne mon style façon Provost. Il a de multiples facettes et j'apprends tous les jours à les apprivoiser. Peut-être qu'un jour, on arrivera à se balader côte à côte de façon apaisée.

4. Expression popularisée par un célèbre rappeur marseillais... « Le sang », c'est une personne tellement proche qu'elle pourrait avoir le même sang que le nôtre qui coule dans ses veines.

19

ME LIVRER DANS UN LIVRE

Rendre visible
ce qui ne l'est pas

Lorsqu'on m'a proposé d'écrire un livre, j'ai d'abord refusé. Je me disais qu'à même pas 30 ans je n'avais pas grand-chose à raconter et j'avais un vrai problème de légitimité. Je me disais aussi que c'était sacrément prétentieux d'écrire un livre en se basant sur des anecdotes de ma courte vie et en se disant que des gens allaient l'acheter. Mais si vous le lisez, c'est bien la preuve que j'ai fini par balayer tous mes scrupules et que je l'ai fait.

Premier RDV chez Solar

Tout l'enjeu de ce livre, c'était de libérer la parole sur « la différence ». Sans partir sur un livre militant (ce n'est pas trop mon style), mes éditrices m'avaient proposé de faire un texte dans la continuité de mon spectacle, une sorte de témoignage des choses un peu folles qui m'étaient arrivées dans ma vie. OK, pourquoi pas ?

Quand je suis arrivée dans les locaux de ma maison d'édition la toute première fois pour en parler, je me suis heurtée à un problème de taille : j'ai dû galérer à peu près cinq minutes pour trouver la première marche qui montait vers les bureaux. J'ai fini par arriver et là, combat intérieur : est-ce que je parle de ce qui vient de se passer ou pas ? Bien sûr, vous vous en doutez, je n'ai rien dit. Déjà, par enjeu d'autonomie : parce que, comme d'habitude, je suis du genre à vouloir me sortir seule de ce type de situation. C'est ma personnalité, je n'arrive pas à demander de l'aide. Et puis, il y a un côté gêné aussi : on ne veut pas embêter les gens avec ça, on veut se débrouiller seul. Et là, on est en plein cœur de notre sujet : je viens dans une démarche de libération de la parole sur le handicap et je ne parle pas à mon éditeur du fait que j'ai galéré pour accéder à ses bureaux. En même temps, personne n'est venu me chercher et personne ne m'a posé la question de l'accessibilité des locaux. Bienvenue dans ma vie ! Ça a finalement été un bon point de départ pour me décider à faire ce livre.

Pourquoi un livre ?

J'ai l'habitude de la scène, de la radio, de la télé. C'est oral, c'est immédiat. Je peux improviser parfois. Quand j'écris des blagues et que je monte sur scène, si ça se passe mal, c'est un peu gênant sur le moment mais très vite, les gens pensent à autre chose. Ça reste un « mauvais souvenir » mais personne n'a de souvenirs précis de fiasco. Et j'ai aussi le contrôle, si je veux que le spectacle s'arrête, j'ai juste à dire « bonne soirée » et partir.

Avec un livre, c'est différent. Une fois qu'on a lu une phrase dans sa tête, elle est figée. Cette phrase est toujours là, devant nous, et on peut revenir dessus encore et encore. Une fois que ce sera imprimé, entre vos mains, je ne pourrai plus modifier ce que j'ai écrit (sauf s'il est réimprimé plusieurs fois, ce que je me souhaite). Un livre, ça reste : je ne vais pas pouvoir débarquer chez vous et interrompre votre lecture. (Quoique… ça pourrait être un concept assez marrant… vous m'imaginez entrer chez vous sans prévenir et dire : « Stop ! arrêtez de lire, ça n'en vaut pas la peine » ?) Pour être honnête, ça fait beaucoup plus peur… Et en plus, en France, le livre papier a un petit côté sacralisé, alors que finalement ça n'a rien de si prestigieux, mais dire : « J'ai écrit un livre », ça claque.

Un objet sacralisé, c'est tout ce que je ne voulais pas. J'avais peur aussi que le livre perde en spontanéité. Les phrases, on les pense et on les repense, on revient sur les mots plusieurs fois pour trouver celui qui sera le plus juste ou qui sonnera le mieux. Jusqu'où un livre est-il authentique ? En plus, j'anticipe déjà les commentaires des haters : « Franchement, elle aurait mieux fait de préserver la planète plutôt que d'écrire un truc comme ça » ou encore : « Tu pensais que ça intéresserait qui ? »

Après toutes ces hésitations, je me suis quand même dit que c'était certainement l'un des médias les mieux adaptés pour porter un message et rendre visible de façon permanente quelque chose que la société a tendance à invisibiliser. Contrairement à mon spectacle qui, à la base, n'a pas été écrit pour « sensibiliser » à quoi que ce soit mais plutôt pour faire rire sur des sujets qui me parlent, le livre offre d'autres options. Avec lui, c'est plus facile de s'exprimer sur ces sujets car il a un gros avantage : je n'ai pas besoin d'être drôle tout le temps (vous l'avez compris, être drôle, ça demande beaucoup d'énergie).

Une thérapie gratuite

L'objectif de ce livre, c'était de partager des anecdotes notables dans ma vie et d'essayer de transcrire ce que j'ai pu en tirer, ce que j'apprends encore tous les jours. Sans aucune prétention car, évidemment, je n'ai pas la science infuse, loin de là ! Et je dois vous avouer que je suis assez surprise du résultat.

Ce livre m'a amenée vers des endroits **OÙ JE NE PENSAIS PAS ALLER.**

Il m'a permis de révéler des choses que je n'avais encore jamais dites. De réfléchir à des sujets auxquels je n'avais pas vraiment réfléchi de façon aussi approfondie auparavant. Et aussi, peut-être, de me réconcilier un peu avec des sujets qui fâchent.

On a raconté plein de choses à travers ces pages et je suis heureuse d'avoir pu partager ces petits moments de vie avec vous. Certains dont le témoignage vous parlera sans doute ; d'autres, pour le moins uniques. Je n'arrive pas à savoir à quel point ce livre vous sera utile, mais s'il l'est ne serait-ce que pour 1 % des lecteurs, je prendrai ça comme une petite victoire car on aura partagé ça ensemble.

MES RECO : CES LIVRES, FILMS, PODCASTS QUI ME FONT ME SENTIR BIEN.

Je partage avec vous quelques coups de cœur *feel-good*.

LIVRES

***101 essais qui vont changer votre façon de penser*, de Brianna Wiest**

Un livre de développement personnel très facile à lire qui aborde des sujets comme la relation aux autres ou la quête de sens, et donne des conseils en allant à l'essentiel. Très pratique pour les gens comme moi qui n'ont pas de patience.

***La Vie devant soi*, de Romain Gary (Émile Ajar)**

Un jour, j'avais discuté avec un auteur qui m'avait dit : « Le plus gros défaut de votre génération, c'est que vous ne lisez pas. » Il m'avait donc recommandé un livre. C'est ce roman, et je vous le recommande à mon tour.

FILMS

***Là-haut* (studios Pixar, 2008)**

C'est mon Disney préféré ! Un vieux monsieur accroche des ballons à sa maison et s'envole dans les airs vers la destination où il a toujours eu envie d'aller avec sa défunte femme. Mon rêve ! Il embarque avec lui sans le savoir un petit garçon qui s'est caché derrière sa porte. J'aime beaucoup l'illustration du rapprochement de ces deux générations, l'enfant et le vieux monsieur.

The Truman Show de Peter Weir (1998)

Sans doute l'un de mes films favoris (parce que Jim Carey est mon acteur préféré). Je ne peux pas parler du film parce que j'ai trop peur de le spoiler pour ceux qui ne l'auraient jamais vu. Donc je ne dis rien et je vous laisse regarder. Ça vaut le détour.

PODCASTS

Iced Coffee Break de Superlumos

J'aime trop ce podcast, d'abord parce que Superlumos et moi, on a une passion commune pour le café et ensuite, parce qu'il traite de sujets intéressants avec une voix douce.

Philosophy is sexy

Un podcast qui parle de sujets de philosophie tels que la fatigue, l'amitié ou le temps, sans que ce soit ennuyeux comme nos cours de terminale. Très agréable à écouter et on apprend plein de choses.

Toi de toi

Ce podcast, tu as l'impression de ne pas le connaître ? Normal, il n'est sorti sur aucune plate-forme !
Pourtant, tu l'écoutes tous les jours : le matin, le midi, le soir, à l'heure du goûter.
Ce podcast, c'est toi, la meilleure des recommandations par laquelle je peux terminer, c'est-à-dire de t'écouter toi.

20

LE BILAN

Et maintenant, on va où ?

Dernier chapitre. C'est l'heure du bilan. Dans dix ans, je frôlerai les quarante ans (je ne les aurai pas encore), mais presque ! Bizarrement, ça me dérange moins d'avoir quarante ans que de passer le cap des trente. Trente ans, c'est violent. Ça signifie clairement qu'on doit dire adieu à sa « vraie jeunesse » et à son insouciance. Plus d'excuse. On devient un vrai, vrai adulte pour la société. On commence aussi à changer physiquement. Passer de trente à quarante, c'est plus facile : on est juste un adulte un peu plus adulte, et avec plus de cheveux blancs... Alors qu'est-ce qu'on fait de ces vingt-sept années de vie déjà bien remplies ? Et vers quoi on tend ?

Adieu, jeunesse !

En ce moment, je sens que je vieillis (les quarantenaires qui lisent ça en sueur...). Physiquement d'abord : je commence à avoir des douleurs au niveau des cervicales. Avant mes 27 ans, ça ne m'était jamais arrivé. Ça ne m'était tellement jamais arrivé que je ne savais même pas où se situaient les cervicales ... Maintenant, je vais chez « l'ostéopathe » à cause du stress et c'est lui qui m'a appris les quelques notions que j'ai aujourd'hui de l'anatomie humaine... Quelle vie !

Mentalement aussi : je supporte de moins en moins de choses. Parfois, je suis dans le salon et je lance un : « La télé est trop forte, baissez le son ! » Maman, sors de ce corps ! Quand j'ai besoin de réfléchir aussi, il faut que je sois au calme. Je suis sûre, si j'avais eu le permis, j'aurais été du genre à dire : « Baissez le son, je fais un créneau. »

Je vais être honnête avec vous, l'idée de prendre de l'âge ne me réjouit pas mais il y a quand même un avantage : je suis aussi de plus en plus exigeante au niveau des gens qui m'entourent. Avec le temps, je sais avec qui je pourrais potentiellement m'étendre ou pas. J'ai des amis depuis des années et je m'en contente (*aka* mes chiennes de copines, petite réf à mon spectacle !). J'aime de moins en moins le conflit, je m'assagis.

AU FOND, J'AI PEUR DE VIEILLIR, pas tant à cause des rides ni des cheveux blancs.

Non, ma hantise, c'est de vieillir et de NE PLUS ÊTRE DRÔLE ! J'ai peur d'être « dépassée », *old-school*. J'ai peur que mes petits frères et la génération suivante me trouve ringarde. Après, c'est le cycle de la vie. Je crois que je le suis déjà un peu. Je l'ai prouvé pas mal de fois en utilisant des expressions de boomer dans ce livre !

J'ai peur de vieillir mais en même temps, j'ai hâte de faire des trucs de vieux : genre me balader les dimanches après-midi pour « prendre l'air ». Quand on est jeune, on n'a pas besoin de sortir un jour spécifique pour prendre l'air, on n'est quasiment jamais chez soi. Et c'est comme ça que je réalise que j'ai passé un cap. Maintenant, je suis de plus en plus chez moi et je ne sors que quand c'est « nécessaire ». L'avantage, c'est que je ne paye pas mon loyer pour rien. À choisir, je préfère rester chez moi avec un petit thé plutôt que de sortir dîner dans un endroit super *fancy* avec du monde (ma phobie).

Mais je vous rassure, je reste très immature financièrement, et avec mon argent d'adulte, je me *spoile* (on peut dire que je suis mon propre *sugar daddy*) et je *spoile* aussi Tokyo, mon chat. Il est pourri gâté, il a tout ce qu'il veut (en fait, il ne veut pas grand-chose, c'est juste moi qui suis une maman un peu toxique).

Ces quelques années de vie et mes « aventures » m'auront fait avancer et évoluer, je l'espère, vers quelqu'un de meilleur et de plus affirmé (même si j'ai encore quelques défauts). J'essaye d'apprendre de mes erreurs, de perfectionner ce qui marche et de rester optimiste quant à l'avenir. J'ai fait l'exercice de m'imaginer dans dix ans en continuant sur cette lancée.

Retour vers le futur

Je dois avouer que me questionner sur le « Moi dans dix ans » me stresse un peu… Vous allez me dire : « Mais Lilia, pourquoi tu as voulu écrire ce chapitre sur un sujet qui te stresse ? » Parce que, tout simplement, j'aime me bousculer ! Écrire, c'est un peu me forcer à y songer.

Je ne sais pas si dans dix ans je ferai le même métier et si je vivrai dans le même pays. J'aurai peut-être déménagé à l'autre bout du monde. Ou peut-être que je ferai toujours le même métier, mais dans une autre langue ? Vous l'aurez compris en lisant ce livre, je suis une fan de mots anglais, mais si je tente mon spectacle en anglais avec mon accent franco-arabe, je pense que les *British* vont saigner des oreilles en entendant mes blagues…

C'est bizarre de se projeter dans dix ans quand on ne connaît déjà pas son programme précis pour la semaine prochaine, mais je suis confiante. C'est un sujet qu'on n'a pas encore abordé jusqu'ici, mais je crois au destin : pour moi, rien n'arrive par hasard et tout est déjà prévu et écrit. Je suis croyante et pratiquante ; j'ai confiance en la vie et en ce qu'elle me réserve. (Là, c'est sûr, j'en ai perdu certains qui doivent se dire : « Mais comment ? Qui croit encore en Dieu aujourd'hui ? ») Ma foi, c'est mon équilibre de vie. Ça m'aide à m'apaiser, surtout avec le métier que je fais et dans le monde au sein duquel je suis amenée à évoluer. Ça me permet de garder la tête sur les épaules et de me souvenir qu'au fond, rien n'est complètement entre nos mains. Peu importe le nombre de personnes dans ma salle de spectacle, peu importe ce que j'accomplirai dans ma vie… Je fais de mon mieux, et je fais confiance au reste.

Je ne sais pas avec certitude où je serai dans dix ans, mais je pense savoir où j'aimerais être.

Toujours sur scène, avec plein de nouvelles blagues, des fous rires, plein de nouvelles rencontres.

Dans un nouvel appart avec une déco Pinterest, rempli d'objets inutiles qui seront le résultat d'achats compulsifs. Un appart que, j'espère, ma mère aura pris soin de critiquer dans son intégralité.

Avec un mari que ma mère aura définitivement critiqué, lui aussi.

Avec des enfants que ma mère ne critiquera pas parce qu'elle les aimera plus que moi. Par contre, avec la chance que j'ai, ils seront albinos et voudront faire du stand-up. Non merci !

Plus sérieusement... j'hésite. Je me demande si je veux des enfants. J'ai peur de trop les aimer, de trop les couver et d'en faire des enfants dépendants. J'ai surtout peur de ne pas être à la hauteur, de les perdre dans un parc (évidemment, on pensera à l'épisode des chaussures orange fluo). Le côté positif, c'est que j'aurai plein d'histoires à leur raconter, dont les dix-neuf premiers chapitres de ce livre, et avec des détails, sûrement. Mais je me demande quel regard ils porteront sur moi. Est-ce qu'ils pourraient avoir honte de moi parce que je ne suis pas comme tout le monde ? Toujours cette différence...

En tout cas, dans dix ans, j'espère surtout que je serai toujours aussi bien entourée, c'est-à-dire avec une famille aimante et des amis extraordinaires. Pour le reste, je pense que je saurai m'adapter.

Au fond, on s'adapte toujours. Et au pire ça fera de nouvelles histoires à raconter.

TEST : Où vous voyez-vous dans 10 ans ?

Vous m'avez suivie dans mon introspection. Maintenant, à vous de jouer ! Je vous propose de vous imaginer à votre tour dans dix ans et de remplir les différentes rubriques proposées en mode ***bullet journal*** (vous pouvez en ajouter d'autres). Vous verrez, ce n'est pas un exercice facile mais ça aide à **se fixer des objectifs** et peut-être, qui sait, annoncer des changements dès maintenant ou **prendre un peu de recul.**

1 Ma vie perso

- Ma famille (dont animaux de compagnie) : ....
- Mes amis : ....
- Mes amours : ....

2 Ma vie pro

- Mon travail de rêve : ....
- Mes collègues : ....

3 Mon environnement

- Mon lieu de vie : ....
- Mon lieu de travail : ....
- Mes loisirs : ....

4 Ce vers quoi je veux tendre

- Mes envies : ....
- Mes valeurs : ....
- Ma vie spirituelle : ....

CONCLUSION

Voilà, amis lecteurs. Vous avez fait un tour à 360 degrés dans ma tête. J'espère que vous avez apprécié le voyage, même s'il a été mouvementé.

Si je regarde en arrière, je dois dire que je suis quand même assez fière du chemin parcouru. Qui aurait cru que Franck et moi, on aurait fait tout ça ? Malgré les galères du quotidien, les discriminations de quelques personnes pas toujours très malignes, les obstacles (réels et imaginaires), on s'est parfois perdus, mais à terme, on a réussi à construire quelque chose de plutôt sympa tous les deux.

Il y a dix ans, j'en avais dix-sept et j'étais au lycée ; je commençais tout juste à être mieux dans ma peau, je réfléchissais à mon avenir, je ne savais pas trop quoi faire de ma future vie. À l'époque, je n'osais même pas rêver de ce que j'ai aujourd'hui. Ça me semblait irréalisable, inatteignable. Et pourtant, avec un peu de détermination, beaucoup de soutien de mes proches et un brin de culot, on a réussi à arriver, lui et moi, à faire équipe et, malgré quelques chutes, à gravir une partie de la montagne. On n'en est encore qu'au début de notre ascension mais on avance, doucement mais sûrement.

Pour terminer comme on a commencé (sur ChatGPT), aujourd'hui, je ne sais toujours pas si je suis plutôt rouge-sucrée ou orange-juteuse, mais je sais que ma différence m'a construite en tant qu'individu. Elle m'a donné ma volonté, ma créativité, ma combativité.

J'espère que certains passages de ce livre feront écho en vous. Si je peux vous donner quelques conseils : osez, croyez en vous et si vous tombez, relevez-vous ! Partagez, échangez, aimez ! Nous sommes chanceux d'avoir ce que nous avons et d'être ce que nous sommes. Si on regarde la vie avec les yeux d'une mal-voyante, cela aide parfois à mieux ouvrir les siens et à voir les choses de façon plus nette.

REMERCiEMENTS

Voilà, c'est le moment dans le livre où je m'adresse à tous ceux sans qui ce projet n'aurait pas pu voir le jour. J'ai mis un moment à me mettre à l'écriture de ces remerciements. Après en avoir écrit 160 versions différentes, j'avoue que je me sens un peu vidée… En réalité, je crois que c'est parce que j'ai peur d'oublier quelqu'un. Alors si toi, qui lis ce livre, tu t'es senti oublié… désolée !

Je commence mes remerciements comme j'ai commencé ce livre : avec ceux qui m'ont donné la vie sans me donner la vue. Ceux qui m'ont tout appris. Merci, maman et papa, d'avoir mis vos inquiétudes de côté pour me laisser voler de mes propres ailes. Merci pour votre patience. Merci pour votre soutien.

Merci à mes frères et sœurs, avec qui je me dispute parfois, et avec qui je rigole beaucoup. Ynes, Chêrine, Jibril et Nahil, merci de me supporter et de m'appuyer dans tous mes projets.

Je remercie dans la foulée les autres membres de ma famille toutes catégories confondues (pas parce qu'ils ont contribué à l'écriture de ce livre mais parce que si je ne le fais pas, on va me le reprocher pour le restant de ma vie).

Merci à Sarah Boumaza et Philippe Caverivière, de Philgood Prod. Vous avez été les premiers à acheter des billets pour venir voir mon premier spectacle dans ce tout petit théâtral de 20 places. Merci pour vos précieux conseils qui me permettent d'avancer chaque jour.

Merci à mes *girls*, Rimene, Anaïs, Kenza, Aziza et Yasmine, pour me donner leur avis, surtout quand je ne le demande pas. Merci d'être ce que vous êtes.

Merci à ma famille de cœur, Mama Dede, Mama Meme et Mama Amna. Vous m'avez adoptée le temps d'une année et m'avez appris « la vie d'adulte ». Merci pour votre amour.

Merci au public. Vous êtes de plus en plus nombreux à venir découvrir le spectacle et rire de moi, avec moi. Merci pour l'argent aussi.

Merci à Aline sans qui je n'aurais pas pu poser tous ces mots sur le papier. Merci pour ta patience, ton écoute et ta bienveillance à l'égard de toutes mes petites histoires. On a passé des heures et des heures au téléphone, tu me manques déjà !

Merci aux éditions Solar pour leur confiance aveugle (lol !). Merci à Lama et Bérénice qui m'ont proposé ce projet et l'ont réfléchi avec moi, et à Stéphanie qui l'a relu et lui a donné forme.

Merci aux lecteurs d'avoir acheté ce livre.

Merci à la presse et aux journalistes de bien vouloir en parler (en bien). C'est mon premier livre, soyez indulgents SVP.

Et peut-être un dernier merci à moi-même ? Nan, j'abuse.

Direction : Didier Férat
Direction éditoriale : Lama Younès-Corm
Édition : Bérénice Taveau, Stéphanie Taro
Collaboration éditoriale : Aline Abou Saad
Préparation du texte et correction : Judith Levitan
Conception graphique : Gabriele Musolesi et Marina Delranc
Mise en pages et illustrations : Marthe Oréal
Fabrication : Laurence Duboscq

ISBN : 978-2-263-18526-7
Code éditeur : L18526
Dépôt légal : mai 2024
Imprimé en Espagne par Egedsa
Solar, un département d'edi8
92, avenue de France
75013 Paris